自由への手紙

オードリー・タン

A Letter to Freedom

Audrey Tang

オードリー・タン［語
Text by Courrier Jap

講談社

オードリー・タン
自由への手紙

本書を手にした日本のみなさんへ

オードリー・タン

自由には2種類あると、私は思っています。

ひとつは、ネガティブ・フリーダム。

もうひとつは、ポジティブ・フリーダム。

「ネガティブ・フリーダム」とは、既存のルールや常識、これまでとらわれていたことから解放され、自由になること。「個人として何かから自由になること」と言ってもいいでしょう。

ネガティブといっても否定的な意味ではありません。いわば消極的な自由であり、これが自由への第一歩です。

そして「ポジティブ・フリーダム」とは、自分だけでなく他の人も解放し、自由にしてあげること。

みんなが自由になるにはどうすればいいのか、具体的なToDoを考えること。

自分の可能性を力に変え、その力を誰かのために役立てることです。


「本当に自由な人って、どんな人ですか？」と聞かれたなら、私は「ポジティブ・フリーダムを体現している人」と答えます。

自分が変えたいと思っていることを、変えられる人。

自分が起こしたいと思っている変化を起こせる人。

それこそ、自由な人です。


ネガティブ・フリーダムを願い、手に入れたのなら、ポジティブ・フリーダムまで歩をすすめてはどうでしょう。自分が自由になるだけでなく、みんなが自由にするために行動を起こせたら、すごいことです。自由をお互いにシェアしよう——それが私からの最初のアドバイスです。

「権威のＡＩ」に自由を奪われてはいけない

日本や台湾は世界の中では恵まれている国です。いろいろな運命を自らつくっていける自由があります。ただ、本当に重要なのは、その自由のサステナビリティ（持続性）だと思います。

さまざまなＡＩ（Artificial Intelligence：人工的な知能）をつくり出す自由は素晴らしいものですが、それが権威のＡＩ（Authoritarian Intelligence：権威主義的な知能）になったとしたら、自由は持続性を失います。

今の世界は「権威のＡＩ」や、個人情報を収集してビッグデータを分析する「監視資本主義」が幅を利かせていますが、私たちはその間の道を見つけなければなりません。

私がスマホを使わない理由

権威をもつのは組織や人だけではありません。テクノロジーもまた、権威をもち、私たちの自由を損なう場合があります。

そこで私は二つ折りの電話を使っています。〝ガラケー〟に見えますが、スネークのようなゲームもできるし、検索もできるし、自分好みのアプリを入れることもできるし、プログラミングも可能。

ただし、オープンソースのフリーソフトウェアで稼働しているので、誰かに与えられたコンフィギュレーション（設定）ではない。自分で自由に設定できるものです。

私の電話にできないことは、指でスクロールすることだけ。モードを変更しない限り、スマホのようなタッチパネルにはなりません。

私がタッチペンやキーボードがあるPCを主に使うのは、テクノロジーの支配から自由になるためです。指ですぐに操作できるとなると、常にスマホをスクロールしてしまいます。しまいには依存症になってしまうでしょう。

私は「アンチ・ソーシャルメディア」を標榜していますが、指だけで簡単に操作できないように自分で設定した電話を使うことで、SNSに過剰に注意を払わずにすんでいます。テクノロジーとはあくまで、人間のお手伝いをしてくれるもの。テクノロジーの奴隷になるのはおかしな話です。

必要なのは支援のＡＩ

私たちがつくり、未来に役立てていくべきなのは、たんなるＡＩではなく、ましてや権威のＡＩでもなく、支援のＡＩ（Assistive Intelligence）です。「支援のＡＩ」は、障がい者や高齢者、マイノリティの補助役として期待されているテクノロジーですが、もっと幅広いものだと私は考えています。

支援のＡＩは、人間の尊厳を守り、強化してくれるものですが、人間だけでなく、あらゆるものの尊厳を守り、助けてくれます。

海と空を、森と大地を、自然の尊厳も守ってくれるのが支援のＡＩです。

日本には大昔から「あらゆるものに魂が宿る」という考え方がありますね。それは台湾も同じですが、日本はさらに『ドラえもん』を生み出したほど、テクノロジーに親しみがある国です。ロボットと言えば『ターミネーター』のような敵をイメージする欧米とは異なります。

自然を尊重し、親しみのあるロボットを考えられるのが、日本の特徴です。

人間だけでなく、「人間を中心とした文化」を支援する、そんな支援のＡＩに近い国ではないでしょうか。

お互いの「弱さ」を認め合う

支援は、障がいがある人や、マイノリティだけに必要なものではありません し、そもそも私たちは誰もがマイノリティです。みんなかたちが違うだけで、それぞれに弱さを抱えた人間であり、その弱さを共有することが大切です。

そこで鍵を握るのが共感ですが、デジタルテクノロジーによって、以前よりもより深いレベルで他者に共感できるようになったのではないでしょうか。

たとえば私は先日、イマーシブテクノロジー（没入型技術）で、「難民として台湾にやってきた外国人」として働きました。

映画というのは観客として誰かの人生を「眺める」ことですが、イマーシブテクノロジーでは、バーチャルな空間で他人の人生を「生きる」ことができます。外国人労働者を眺めるのではなく、体験できるということです。

テクノロジーの力でさまざまな体験をする。そこから共感が育まれれば、お互いの弱さを認めて、助けあえる世界になっていくでしょう。

自分の自由のために傷つけあってはいけない

自分が「こういう人生を送りたい」と願うとおりの人生を送っていられれば、それは理想の世界です。ただしそれが他の誰かを脅かしたり、傷つけたりするものであってはならないと思います。自分の自由のために、誰かの自由を損なわない。そこで大切なのは「ざっくりとした合意」でしょう。

人は合意に至らないとき、戦争をします。「未来の世界平和のために」という理由で戦争を始めますが、そのために「今の平和」を壊すというパラドックスになっています。

暴力は恐怖と不安から生まれますが、恐怖から自由にならなければ問題は解決しない。解決策はお互いの文化の理解と外交ではないでしょうか。

コロナ禍は近年で一番大きな「戦争」

世界から紛争が絶えることはないとはいえ、昔のような大戦は起きなくなっています。すべてはいっときのことで、人類は進化しているのでしょう。

そんななか、コロナ禍は近年で一番大きな戦争といえます。ウイルスは何のイデオロギーももたず、ただ感染した人に病をもたらすという、世界共通の敵です。今年は全人類が一丸となってウイルスと戦いました。

これは明らかに逆境ですが、逆境で人は成長するものです。ウイルスばかりか、気候変動や環境汚染など、問題は常に生じます。でもそれは、成長のチャンスと言えるのです。

40代以上は若い人に学べばいい

気候変動や環境汚染については、世代間の連帯が鍵を握っていると感じます。たとえば二酸化炭素（CO_2）の排出量をいかに減らすかといった意識は、若い世代のほうが高い。10代、20代はすでに、身近な問題として環境に配慮する習慣ができていますし、行動を変えています。新しい世代が進化しているということは、時間は私たちの味方だということでしょう。

いっぽう40代以上は、「GDPの成長率」なら大いに関心があるのに、「CO_2排出量の削減」となるとピンとこないかもしれません。それなら40代以上は、若い人を理解し、若い人に学ぶことです。世代間で連帯すればいいのではないでしょうか。

ドラえもんの「かわいさ」が日本の強み

私は4～5歳の頃に『ドラえもん』を知り、夢中になりました。ドラえもんに好きな道具を出してもらえるのなら、「もしもボックス」を頼みます。それで理想の世界を見てみたいと思います。『アラジンと魔法のランプ』のジーニーに会ったとしても、同じようなものを頼むでしょう。

ドラえもんは、のび太を助ける存在です。未来ののび太の孫の孫、セワシに頼まれて、小学生ののび太を社会になじませ、成長させるために、現在にやってきました。

どのエピソードも、未来の道具を使いますが、最終的には「こんなはずじゃなかった！　元に戻してよドラえもん！」とのび太が叫ぶユーモラスなオチがついています。

おそらくそれは、「万能なドラえもんの世界」にのび太を連れていくのではなく、「今いるのび太の世界」に、のび太がうまくなじめるようにするのが、ドラえもんの役割だからでしょう。

こう考えると、ドラえもんこそ、支援のＡＩのモデルかもしれません。社会になじみ、うまくやっていけるように助けてくれる。そればかりか、のび太がのび太らしく成長できるように、手伝ってくれる。

どんなに優れたテクノロジーでも、社会になじむものでなければ機能しません。その意味でドラえもんの「かわいさ」はとても大切なものです。

自分がどんな人であるかを、表現することが自由です。
自分が自由を手にしたら、握りしめずに共有して、みんなを自由にする。
自由とは受け取るものではなく、惜しみなく与えるものです。
自由を共有すること。それこそ、私たちがつくる自由への道です。

オードリー・タン　自由への手紙　Contents

Chapter1

格差から自由になる

Chapter2

ジェンダーから自由になる

Chapter3

デフォルトから自由になる

Chapter4

仕事から自由になる

16 一枚岩から自由になる 146

17　お金から自由になる　158

インタビュー —— オリビエ・ファーブル
翻訳 —— クーリエ・ジャポン編集チーム
同時通訳 —— 池澤直美
英文コピー・コンサルタント —— ロン・スタンバーグ
制作協力 —— 山中 肇

装丁
アートディレクション —— 千原徹也（れもんらいふ）
デザイン —— 片桐健一郎（れもんらいふ）

本文レイアウト —— 山中 央
書籍編集 —— 青木由美子

Chapter 1

格差から
自由になる

01

不平等から自由になる

トマ・ピケティは、『21世紀の資本』（邦訳：みすず書房）で「格差は長期にわたって拡大しつづけている」という説を展開しました。

格差はどこの国にも存在する問題です。

台湾は、過去10年のジニ係数（収入不平等指数）がほとんど変わっていませんが、やはり、世界的な傾向でしょう。

格差を拡大するソーシャルメディア

格差の拡大——これにはふたつの力が働いていると思います。

1、格差がインターネットによってガラス張りになり、誰にでも見えるようになった。

不平等は遠い昔からつねに存在していましたが、いまはインターネット時代であり、「情報の力」があるゆえに不平等がよりリアルに立ち現れている、ということです。

貧困にあえぐ地域について、私たちはいとも簡単に、まるでガラス越しの光景のように目にすることができます。

たとえばこの瞬間、飲む水がなくて、死んでいく子どもを。

富裕層と言われる人たちの暮らしぶりについても、ソーシャルメディアは私たちに対して、やすやすと詳細を明かします。

たとえばこの瞬間、高価なものを次々と買い、工夫が凝《こ》らされた料理を好きなだけ味わう人たちを。

昔だったらこれらは「遠く離れたよその世界の出来事」でした。

その世界のさまを知ろうという意思をもたなければ、見えないこと。実態を報じるラジオやテレビの番組を選び、その時間にチャンネルを合わせないかぎり、格差や不平等には知らん顔ができました。

「そんなことは存在しない」かのごとく、振る舞うことができたのです。

ところがテクノロジーの発達とソーシャルメディアの登場によって、情報は随時、自分の意思とかかわりなく流れ込んできます。

たしかに地域によっては、昔のほうが貧困はひどかった。でもソーシャルメディアがなかった時代は、そういう現実さえまったく気づかずに平然としていられました。

今は誰も「知らん顔ができない時代」になったのかもしれません。

怒りという「蛍光ペン」

不平等を知ったとき、人の心にはあらゆる感情が湧き起こります。

とりわけ怒りの感情は、あっという間に伝播《でんぱ》します。言ってみれば、きわめて高い実効再生産数をもち、〝感染しやすい〟のが、怒りです。

市民は不平等によって引き起こされた怒りを、共有せずにはいられません。

怒りは拡散しやすく、増大しやすい——でも私は、この現象自体は、悪いことだとは思いません。

社会の構造的問題や、表面化させる必要のある問題に、人々の関心を向けさせるためには、怒りはすこぶる有用な蛍光ペンです。

無力感も格差を広げる

格差を知ることによって、怒りという蛍光ペンが、問題にラインを引いていきます。こうして格差が拡大していくと、次に働く力は「無力感」です。

2、不平等が事実であるなら、どうすればいいのか？　一体、何ができるというのか？

社会の不平等は構造的なものであること。

その構造はたやすく打ち砕くことはできないものであること。

これは事実です。

事実をリアルに知っていて、「では、どうすればいいのか？」となったとき、ソーシャルメディアは人びとに無力感しか植え付けない場合があります。

「何をやったって、変わらないよ」
「自分が何かしたところでたかが知れている。無駄だ」
こんな具合です。

もしもこれが発見段階ならば、反応は変わったでしょう。世界で初めて格差という事実を発見したのならば、そこに寄与したという実感があります。そうすると市民の側には、「自分にも世の中を変える力がある」という気持ちが生まれます。

たった今、自分が見つけた問題なのだから、自分の手で解決することができるはずだと。その例は、歴史をひもとけばいくつも見つかるはずです。

ところが、いまや問題はとてつもなく大きく複雑です。構造的に根深いために、「自分たちでは解決不能」という感覚のほうが勝ってしまう。

「問題解決は時間の流れに任せようか？」
「誰かすごい人が現れて、なんとかしてほしいよ」
こうして人びとは、「できることなど何もない」と無力感を覚えてしまうわけです。

自分にたくさん質問する

格差問題が拡大し、人々があきらめてしまう状況から抜け出すには、どうしたらいいのでしょう?

私は、まずは「問いかけ」から始めるのがいいと考えています。

- 「習慣を変える」ことになるのは何か?
- こんな不正義を、確実に起こりにくくするのはなんだろうか?
- 問題を共有するにはどうすればいいのか?

こうした質問を、まずは自分自身に数多くすることです。

自分自身に立ち返ること、それが社会変革につながる第一歩となります。

しかし、「自分への問い」だけで終わってしまったら、社会は変わりません。

不平等は手つかずのまま放置され、誰かは泣き続け、誰かは怒り続け、誰かは見ないふりをして楽しみ続けます。

格差は加速度を増して拡大し、富む人はますます富み、貧しい人はますます貧困に縛られます。


そこで次にすべきは、「広げる行動」です。

私なら、アイスバケツチャレンジをその好例として挙げるでしょう。

問題をソーシャルにする

２０１４年、アイスバケツチャレンジは、ＡＬＳ（筋萎縮性側索硬化症）の治療研究費用を求めるために始まりました。あっという間にソーシャルメディアで大流行し、実際にやった人も多いと思います。

「頭から氷水をかぶる？　それになんの意味がある？」

流行する一方で、こうした非難の声も聞かれました。

たしかに、これを単独で、近くに誰もいないなか、撮影もせずに黙々と実行するのは無意味で、何もしていないのと同じです。

アイスバケッチャレンジの言わんとするところは、問題をソーシャルな対象にしてもらう点にあります。

そうすることで自分の習慣を変えることができるだけでなく、不正義に対してもっと敏感になれます。

問題を声に出すだけではなく、広めなければ、問題解決にはつながりません。そのためには、新しいハッシュタグを考案する必要があります。

一人ひとりが、人びとに行動するよう呼びかける「声」になるのです。

短い時間で完結する、しかるべき行いであれば、アイスバケッチャレンジと同様に高い実効再生産数をもつことになり、そこから希望と連帯の連鎖が拡散していきます。そしてこの連帯のもたらす喜びは、怒りの感情よりも速く伝播するものです。

つながりから生まれた喜びは、怒りよりも実効再生産数が高いと私は考えています。

最初の動機は怒りであってもいい。それはなかなかに使える「蛍光ペン」なのだから。

そこから、つながりと喜びを生み出せば、変化が生まれます。それが実を結べば、次の運動が起こるようになります。

格差を系統的に減らそうと思うのなら、単独で行動するのではなく、ハッシュタグという「声」を出し、広げ、巻き込んでいくことです。

02

不安から自由になる

「経済的な不平等をなくすためにはどうしたらいいでしょう?」

「一人ひとりが収入を増やす機会を得て、経済的不平等をなくすために最適な方法とはなんでしょうか?」

こうした質問へのひとつの答えとして、台湾で私たちがやっていることを紹介したいと思います。

マスクを「すべての人」に

多くの国では、新型コロナウイルスの検査費用は病院に行くよりも安価になってきていますが、台湾では正反対です。病院やクリニックに行くほうが、検査を受けるよりも安い費用ですみます。

それが台湾の医療状況のとても興味深い点なのですが、台湾は1995年に「全民健康保険」を導入しました。いわゆるユニバーサルヘルスケア制度(国民皆保険制度)で、政府が保険料を徴収して医療費を負担する単一支払者制度となっています。

特にユニークな点は、台湾国民だけでなく半年以上台湾に住んでいる人は誰でも国民健康保険を利用できることです。

新型コロナウイルス感染を疑う症状が出ても、台湾で暮らす人たちは、金銭的負担も社会的プレッシャーも感じる必要はありません。

国民健康保険証を使ってマスクを入手し、近くのクリニックへ行けばいい。ただそれだけです。

そうすると、すべての人々を責任ある市民として公衆保健に参加するよう、促すことができます。

台湾では、単一支払者制度がここ数年ほどで当然のものになりました。これは純粋な社会主義制度と言えるでしょう。

セーフティネットのつくりかた

「病気になって、働けなくなったらどうしよう」

「怪我をしたら生活できなくなるかもしれない」

「老後の生活は大丈夫なのか」

生活の中からこうした不安がなくなっていくのは、とても大切なことです。

不安がなくなれば、たとえパンデミックが起きても、人々は「セーフティネットがある」と感じることができるでしょう。

「自分は持たない者である」という感覚から生まれるのは、不安です。

「十分にないかもしれない」という感覚からも不安が生まれます。

その不安が膨れあがったときに、パニックが起きます。

新型コロナウイルス感染症が急速に広がったとき、「マスクが買えない、食料が足りなくなるかもしれない」という不安が人々の心を揺るがしたことは、みんなが見聞きしたことだと思います。


マスク在庫管理アプリをつくり、毎日ライブストリーミングを行い、「大丈夫、ちゃんとマスクは手に入る」と明確に情報を知らせる。

「発症しても、みんな健康保険を使って診察が受けられる」というユニバーサルヘルスケア制度を設ける。

こうした施策は、不安をなくしていくためのセーフティネットづくりです。

そして、台湾にいるあらゆる人に対してセーフティネットを用意することが大切だと考えています。

実名制で1人2枚のマスクを、誰もが週に一度、確実に買えるようにする。市民へのマスク供給を始めるにあたって、私たちは2つの選択肢で決めかねていました。

・薬局で国民健康保険証を使う方式にするのか？
・モバイル決済システムにするのか？

国民全体にサービスを広げようというとき、どのような実装がいいかは、どの国も悩むところだと思います。

台湾の場合、モバイル決済については、イージーカード（台湾の交通系ICカード）やクレジットカードなどを使ったシステムがすでに構築されていました。つまり、導入にはそれほど時間はかかりません。

しかし、このときに問わなければいけないのは、「置いてけぼりを食う人がいないかどうか？」です。

なぜならセーフティネットとは、すべての人のためのものなのですから。

モバイル決済が苦手な人の声を聞く

モバイル決済は便利なものですし、使っている人であればその利便性は承知しています。でも、「マスクを買おう」となったとき、すぐに使えるのは、そうしたシステムに慣れている人だけでしょう。この点を考えるとモバイル決済のユーザーは年代も限られ、台湾社会の約半分の人しかカバーできません。「マスクが人口の半分にしか行き渡らないのなら、配給しても意味がない」

これが感染症の専門家の意見でした。


そこで私たちは、市民と在住外国人の99・99％以上をカバーする国民健康保険証にもとづく新システムを検討することにしました。

国民健康保険証なら、半年以上滞在した外国人であれば持っています。ＩＣチップが組み込まれているので、本人確認ができる。「1人あたり2枚購入」

を確実にする実名販売が可能となります。

さらにコンビニに掛け合って、国民健康保険証を自動発券機に差し込んで、予約注文ができるようにしました。そうすれば長い列をつくって待たされることもありません。外国人労働者、そして87歳になる私の祖母のような高齢者の多くは行列で待たされるのを嫌がる。そうした人たちへの配慮も必要です。

そこで予約注文をしておけば、翌週にはマスクを確保できるシステムを装備しました。

マスクアプリはより便利なものへとアップデートを続け、その後、全人口の90%以上がシステム番号にアクセスしたことが確認されました。感染流行の実効再生産数も効果的に減らすことができたのです。

システムを構築する際、外国人労働者、高齢者、車椅子の人たちに相談しなければ、そのシステムはほんのひと握りの国民、あるいはせいぜい50%の国民にしか恩恵を与えず、本末転倒になっていたでしょう。

公共サービスとは、最も大変な状況にある人たちの声に耳を傾け、彼らの考えを反映させなければならないという極めてシンプルな一例です。

とりあえずのダイバーシティでは意味がない

また、ダイバーシティとは、ただ立場の違う人に意見を聞いて終わったり、単なる利害関係者の多様性であってはなりません。

意思決定にあらゆる人のアイデアを取り入れることが、真のインクルージョン（包括）になる。ここが肝心な点です。

経済的に余裕がない状況でも、自分自身はもちろんのこと、子どもや年老いた両親の医療費用について心配せずにすむ。そのセーフティネットによって何度もやり直すことができるなら、挑戦ができます。機会をより平等にすることもできます。これが格差をなくすことにつながっていきます。

私が常日頃から言っていることのひとつに「国民健康保険証を機械に通すときには社会主義の中にあり、クレジットカードを機械に通すときには資本主義の中にある」という言葉があります。

そしてこの2つは共存している——その意味で台湾は、社会民主主義国家なのです。

ベーシックインカムの可能性

格差や不平等を考えるときに、必ず議題にのぼる「最低限所得保障」というテーマがありますが、これについて台湾ではソーシャルイノベーションラボで扱っています。最低限所得保障などをテーマにした国際会議もいくつか主催しました。

私のほかに各省庁の人たち、デジタルの専門家、あらゆるセクターの市民たちが話し合う場であり、たくさんの意見交換をしてきました。

ベーシックインカムを推進する非常利団体UBI Taiwanとも対話を重ねています。主要メンバーのひとりはもともとソーシャルイノベーションラボのスタッフであり、社会を革新したいという思いを強くもっていました。

たやすく結論が出るテーマばかりではありませんが、台湾では「緊急の問題が起きてそれが既存の解決策ではどうしようもない場合には、政府が最低限所得保障制度で検討する」という傾向にあります。

それが大規模失業の蔓延《まんえん》であっても、構造的な格差の拡大であっても、どんな場合であっても、です。それが現実的であれば、最低限所得保障制度は可能性のある解決策のひとつとして大いに認められるでしょう。

格差や不安といった課題の解決は、言うまでもなく容易なものではありません。この問題を抱えているのは台湾だけでもないでしょう。

より効果的に推進しようとする司法制度や、経済モデルを支持する研究者たちが協働していくべきだと考えていますし、私たちは他の国々に、台湾の調査結果を喜んで提供します。

これは新型コロナウイルスの統制に似ています。医療分野での私たちの調査結果について提示するように強く求められてはいませんが、もっと世界に提供することができます。

やはり問題解決には、たくさんの声が必要なのではないでしょうか。

03

年齢から自由になる

教育の改革は、あらゆる改革の支えになるものだと思っています。

格差を解決するアプローチとしても、チャレンジする機会を拡大するものとしても、教育が大切なのは言うまでもありません。

生物学的年齢と心の年齢

私は14歳で中学を自主退学しましたが、転校が多い子どもで、3つの幼稚園と6つの小学校で学びました。

なかでも印象に残っているのは、ドイツのザールラント州ドゥットヴァイラー。フランス国境に近いドイツの小さな町ですごした1年が、私の考え方に大きな影響を与えています。

当時の私は11歳くらいでしたが、1級下の学年に入ったため、同級生はみんな歳下でした。

それなのに男の子も女の子も、台湾の同年代の子どもたちよりも大人びていて、15〜16歳くらいに見えました。

「なぜなんだろう?」とよく思ったものです。

生物学的には同年齢なのに、ドイツの子どもたちは自分たちでスケジュールを決め、自分たちでクラスを選び、自分の主張を的確に伝えることができます。大人との違いは、体の大きさだけです。

理由を調べてみると、それは「ピグマリオン効果」と呼ばれるものでした。大人が子どもに対して、大人のように振る舞うことを期待していると、子どもは期待に沿うべく育ちます。

反対に、大人が子どもを赤ちゃん扱いすると、相手もその期待を満たす行動をとるようになります。

そう知って、考え方を根底から変えられました。

「生物学上の年齢で人を区別してはいけない」

「その人の生き方や社会的期待に働きかけるべきだ」

ドイツのあの街で、私はこうしたことを学んだのです。

生物学上の年齢というのは、確かなようでいて、不確かなものです。

VRで小学生との壁をなくす

2016年9月、デジタル担当大臣に就任すると決まったとき、私は初めてのインタビューを受けました。

インタビュアーは小学生と中学生。そのとき私はパリにいて、彼らは台北にいました。そこでウェブ会議を、VR（バーチャルリアリティ）を使ってやろうと決めたのです。

自分を3Dスキャンし、それぞれのアバターをつくり、HTC社のVR会議室で会いました。

会議室に入る前、私は自分のアバターを縮小し、子どもたちと同じくらいの身長になるようにしました。

私の身長は、180㎝で、子どもよりはるかに高い。

でも、私のアバターを彼らと同じくらいの身長にしたことで、より自然にコミュニケーションができるようになったと気づきました。みんな私に遠慮なく話しかけてきたのです。

VRを含めたウェブ会議によって、物理的・音響的な制約がずいぶん変化したと思います。これも人々が年齢にとらわれなくなる一端を担うでしょう。

実験教育でひらける未来

台湾の教育改革の象徴とも言えるのが、「実験教育」です。

台湾には1990年代から実験教育はありましたが、いわゆる非正規のオルタナティブスクールでした。新たにつくられたのは、政府が支援する公立の実験教育の学校です。

現在では実験教育は制度化され、既存の公立学校が実験教育の学校に変わるというケースもあります。ちなみに台湾では、K-12教育（幼稚園から高校卒業までの義務教育）はまったくの無償ですが、それは実験教育を受けている子どもたちにも適用されます。

チャイムがなかったり、テストがなかったり、これまでの枠にとらわれない実験教育は注目を集めていますが、台湾では、実験教育が始まる前からすでに教育改革が機能していました。

社会を信頼する人々にとっての改革とは、必ずしもまったく別の新しい何かをつくることではありません。

改革とはそもそも、自分の学校やすでにあるカリキュラムを最優先事項として改善する、といったところからスタートすべきです。

それを通して教師や学生たちは、公的な文化に統制されることなく、多様に異なる文化の中で学ぶことができるようになります。

改革が進んでいけば、今、見えている「思想の風景（ideascape）」を変えることができます。だからまずは、教育をめぐる社会を多様化すること。そこからどのような改革をするかの準備ができると思います。

そして同時に、教育制度の可能性についての対話を増やすこともできます。

既存のシステムを活かすイノベーション

社会改革が必要な場面では、実装も合理的に考えなければなりません。その際、具体的に話すことができるのは、既にその分野にたずさわってきた人たちです。

たとえば教育改革であれば、早くから教育現場にいた人たちの意見は、非常に参考になります。社会の変化や社会改革に対応できる能力をもった人々は、すでに存在しているのです。

「既存のものだけれど、このシステムは使える」

「このシステムはここを改良したほうがいい」

こうした議論があってこそ、机上の空論を避けることができます。

いかなる社会改革であっても、これまでの改革者が私たちに与えてくれたものをベースに、形を変え、多様化することで実現できると思います。それもまた、イノベーションです。

もしも「教育問題は子どもと、子どもをもつ親だけの関心事だ」という人がいたら、それは大いなる誤解だと思います。最初に述べたように、教育改革は社会改革のプロトコルとなりえます。

そしてまた、学びとは学校を離れても続くものです。私は学校を離れても学び続け、インターネットで学び、人に学んでいます。

生涯教育にも力を入れているのは、学びもまた年齢に関係なく、生涯続いていくものだということです。

04

競争から自由になる

日本ではバイリンガル教育に苦戦しており、なかなか言語の多様性が実現しないという話を聞きましたが、台湾では教育における多様性にも、取り組んでいます。

「2030年バイリンガルカントリープロジェクト」を掲げており、それと関連して、さまざまな国から台湾にやってきた子どもたちは、自分たちの母国語やカリキュラムを選ぶことができます。これも国家予算を組んで行っていることです。

若い世代に必要なスキルセットとは？

台湾では、意図的により多くの国際的な人々を台湾人として迎える制度をとっています。具体的には優遇措置を盛りこんだ就業許可証を発給し、暮らしやすくすること。彼らは台湾人になるか、もしくは二重国籍を保持しています。人口構成が多様化すればするほど、よりお互いに交流をもち始めるもので、その逆ということはありません。

「人口構成を多様化させるだけでいいなんて、あまりにも安易じゃないか？」

と思われるかもしれませんが、最初の段階から異なる文化が育ち始めることがわかります。そして、それがより色濃く現れるのが子どもたち——教育の現場です。

この本のために教育の話をしているとき、すでに学校を離れている若い世代に対して、アドバイスを求められました。

「これからの世代は、どんなスキルセットが必要でしょうか？」

「学ぶべきことは何でしょう？」

「将来と、どのように向き合うべきでしょう？」

私からのアドバイスは、「人生を通して学びなさい。学び続けなさい」ということ。

そして、ともに学び、ともに創造し、ともに発想する仲間をもつこと。

仲間をもつことは、どんなスキルセットよりもはるかに大切なものです。

これは若い世代ばかりでなく、年を重ねた人々にとっても大切なことだと思います。

学びとは山登りのようなもの

年を重ねた世代の人々は学ぶことについて、少々ゆっくりです。

しかし、誰にでもそれぞれのペースがあります。食べる速さ、走る速さ、話す速さ、それは一人ひとり異なって当然であり、学ぶ速さについても同じことです。

そして、ここで思い出してほしいのは、誰もが速く学ばなければいけないわけでもないということ。自分のペースで学べばいいのです。

台湾には玉山のような標高3952mを誇る山もあれば、台湾原住民が暮らす脊梁《せきりょう》山脈もあります。なだらかな山でハイキングを楽しむにしろ、本格的な登山に挑戦するにしろ、山登りは競争ではありません。

学ぶことは山登りと同じで、大切なのは登る過程を楽しむことです。

競争しながら山頂を目指したとしたら、疲れ果てるだけで楽しむことはできないでしょう。

忘れずにいたいことは「自分の人生の中で実際に学べることは何か？」と現実的に考える姿勢です。

特にもう若くない世代は、これまで自分が学んできたことに最大限に寄り添えるものは何かを見極めるといいでしょう。そのとき、得意ではないことがあったとしても、この世界にはそれが得意な人がいます。そういう人と仲間になって、競争するのではなく協力していく。それがより良きことです。

現実は常にアップデートされる

いずれにせよ、生涯にわたって大切なのは、「学び続けよう」という思いを学ぶこと。「では、具体的に何を学べばいいのか？」という質問に対して、以前はスタンダードな回答がありました。ある時期は語学だったかもしれませんし、ある時期はプログラミングだったのかもしれません。

しかし今は、新しい考え方が刻々と生まれており、生まれるごとにスタンダードな回答では間に合わなくなりました。

それでも人は、それぞれに異なる現実に対峙《たいじ》していかなければなりません。次々に立ちあらわれる問題については、その人の頭脳と心をもって解決していくしかありません。なぜなら、現実は常に更新されるものです。人間の歴史が始まった瞬間から、現実はずっとアップデートされ続けてきました。

すなわち、私たちの常識、普通、当たり前のうちのいくつかは、仮に「最新」であっても、これからひらけていく未来を考えれば「すでに古いもの」です。

人類文明の中における産業文明の時代はとても短く、そこで「スタンダードな回答」とされていたものが、次々と危ういものになってきています。

そうであれば、私たちは産業革命前の時代に立ち返って、機械の中の歯車のひとつになるのではなく、「人生を通して学ぶ」という本質に戻らなければなりません。「歯車のひとつ」のような表現が使われるようになって、まだ500年も経っていないのですから。

05

国家から自由になる

格差が目に見えるようになり、インターネットによってあらゆることが表面化しています。この流れは当面、とどまることがないでしょう。言ってみれば社会は極端に可視化されています。

私は常に「透明性」が重要になると考え、そう発言しています。

ここで私がいう透明性とは、国家の仕事を国民が見通せるようにすること。逆に国家が国民を見通せるということなら、監視国家になってしまいます。

国民から見ると国家には透明性がある。

国家から見ると国民には見えない部分がある。

つまり、国家から国民に対しての一方通行での透明性ということで、基本的には国が国民から信頼を得るための方策です。

スマホで「国の信用度」をチェック

国家への信頼とは、闇雲に国家を信じるようなものであってはなりません。

単に「国民健康保険があればマスクは十分に供給されるはずだ」と信じるので

はなく、近所の薬局に向かう人が自分のスマホで情報をチェックし、「うん、十分なマスクがあるな」と納得したときに、国を信じる。これが透明性によってより自然に信頼を醸成するということです。

だからこそ私たちは、チャットボット（自動会話プログラム）をはじめとする100以上の方法で、「行列で自分の前に並んでいる人が最後のマスクを購入してしまい、自分の番がきたら売り切れということはないか？」という細かいところまでチェックできるシステムをつくりました。

これはブロックチェーン（分散型台帳）のようなものです。デジタルな取引台帳によって、さまざまな管轄区域の経理担当者たちが大まかにでも速やかに情報を共有できます。テクノロジーがもたらした透明性のおかげで、マスクの公平な供給が実現しました。

透明性が創造を促す

私たちはまた、テクノロジーを社会の機能を変えるためだけではなく、言論の自由や集会の自由などを徹底して守るためにも使っています。

マスクを例にとると、私たちがあらゆるところで開示している情報を使って、供給の過剰や不足についての分析を行い、24時間営業のコンビニエンスストアと協力するようになりました。

あるいは、このインタビューのトランスクリプトや動画を、クリエイティブコモンズライセンス（CCライセンス）の下でYouTubeに公開することもできるわけです。CCライセンスとは、作者が著作権を保ったまま他の人が再供給やリミックスできるものなので、日本のヒップホップアーティスト「Dos Monos（ドスモノス）」のラップに乗せて公開することもできます。

みんな予測さえしていなかったテクノロジーの発現が、今、真の透明性という価値をもたらしています。

私たちはそれに制限をかけることはありません。あらたなテクノロジー、クリエイティブ、アイデア、すべては密室に入れて隠しておくものではなくなりました。むしろ透明性によって、創造力あふれる人たちが思いもしない方向性で再解釈していく。それがイノベーションというものです。

ハッシュタグ専門の官僚とは？

台湾という国家が透明性をもとうとしている一方で、国家を超えた国家が世界的に存在しつつあるという声も聞かれます。

「デジタルネイション」と呼ばれる人びとが増え、彼らは特定の国や民族に属しているという感覚より、たとえばオンラインコミュニティに高い関心を寄せているのではないか、という意見もあります。

「国家を超えた一種のコンツェルンが存在しているのでしょうか？」

このインタビューでそう尋ねられたとき、私は「ハッシュタグですね」と即答しました。一種のデジタルコンツェルンができたというより、ハッシュタグが機能しているのです。

国家にせよ、企業にせよ、ピラミッド型組織はもうピークに達していて、これ以上、階層を足していっても、構造的・社会的問題は解決しません。ましてや環境問題の改善策が見つかることもないでしょう。

私は台湾で最も典型的なピラミッド型の組織にいますが、内閣や省庁でさえ、ハッシュタグを知らないようでは仕事にならないのです。そこで各省庁を横断するパブリックデジタルイノベーションスペース（PD・iS）というチームがあります。

PD・iSには、「パーティシペーションオフィサー（PO）」という役職の人たちがいます。各省庁のいわばスポークスマンで、ハッシュタグをつけてメッセージを発信することが仕事のすべてともいえる役職です。これは本当に新しい動きだと思います。

従来の広報担当者はメディアに向けてメッセージを発信する際、どのメディアや記者に向けて発信しているかわかっていました。

いっぽう、POがハッシュタグをつけてメッセージを発信するとき、メッセージの受け手は市民すべてなので、誰なのかわかりません。だからこそPOは、市民にわかる言葉で自分が所属する省庁の行っていることを説明する。それればかりか市民の声を省庁に伝えることもします。

つまりハッシュタグには、社会的影響などに対するわかりやすい説明が期待されているのです。

06

対立から自由になる

ハッシュタグが時に、国家を超えた力をもつ。

国家で、組織で、ハッシュタグの影響力が拡大していく。あらゆる場において、デジタルネイションは今後も確実に増加しつづけるでしょう。私はこれを、歓迎すべきことだととらえています。

たとえば学校や会社、コミュニティで孤立しているような人でも、自己を同化できるなにがしか、仲間という存在をインターネット上に見いだすことができれば、もはや孤独は感じないでしょう。

純粋にオンラインである必要もありません。私にとってのハッシュタグは、自分の近くにいて同じ関心事をもつ人たちと出会う最適な手法であり、そこから対面の関係につながることもあります。

オンラインできっかけを増やす

誤解しないでほしいのは、私は「すべてをオンラインにせよ」と言っているのではないということ。

ただ、共同で何かに急いで取り掛かるようなとき、信頼関係を築くための最初のきっかけとしてオンラインで会うのは、すばらしい方法だと言いたいだけです。お互いの関係性を深めるのは、出会ってからでもいい。これは人との付き合いかたの多様化でもあります。

インターネット以前は、お互いをよく知ってからでないと、共にプロジェクトに取り組むことはできませんでした。また、場所の制約もありました。こう考えると、可能性が広がっているということです。

ネット上の対立を回避するには?

翻《ひるがえ》って考えると、インターネットによって世界が狭くなるとは、人と人の距離が近くなるということです。

みんなが自由に意見を言い、誰もがそれを見聞きできることは、あらたなイノベーションの種にもなれば、激しい論争の火種にもなります。

自由で透明な場であるはずのインターネット上でも、そうした問題は起こりうるでしょう。

無用な論争を避けるには、ソーシャルメディア上の偏向した投稿に触れる回数を制限すること。これしかないと思いますし、私自身もそうしています。

インターネット上で私が多くの時間を過ごすのは、返信ボタンのない場所。アップロードやダウンロードはできますが、的はずれな個人攻撃が起こりえない空間です。

そうすると利用者は、お互いの攻撃にカロリーを浪費せず、共通の価値観やアイデアについて話す時間を増やしたいと思うようになります。

いろいろに意見が割れるアイデアでも、相手を中傷したりしない。敬意をもって異論は異論として受け入れられるようになります。

交流プラットフォーム上に相手の悪口を書き込める場所がないので、やりようがないとも言えます。

結局は、どんな仕様のソーシャルプラットフォームを選択するかという問題です。返信ボタンがあるところ、ないところ——どちらのプラットフォームを利用してもいいし、両方を頻繁に行き来してもいいでしょう。

肝心なのは、自身の心身バランスが維持できるかどうか。

私たちにとって、心のバランスを保つことは重要な課題です。

ツイッターがリプライ機能を制限した理由

2020年8月、ツイッターはリプライ制限機能をリリースしました。インターネット上での対立を回避するために、機能面におけるごくシンプルな微調整をしたと言えるでしょう。

今までのツイッターは、自分のツイートに個人攻撃のようなリプライがあった場合、それに返信する気がなくても無関係のユーザーがどんどん返信に返信を重ねて、いわばスレッドが乗っ取られる状態になっていました。

誹謗中傷が拡散し、計り知れないダメージを受けた人も少なからずいます。

ツイッターはこの状態を改善するために、リプライ制限機能をつけました。ツイートをした当事者は、返信できる相手を「すべてのアカウント」「フォローしているアカウント」「メンションしたアカウント」から選べます。これは関係ない人に会話をのっとられることを防ぐ、シンプルな意思表示です。

返信ボタンがないプラットフォームやツイッターのリプライ機能の制限は、インターネット上の透明性や自由を阻むものではありません。現実の世界でも普通に行われていることを、機能として付け加えただけの話です。

たとえばパーティで、誰かと話を始めて、盛り上がったとします。そこに違う考えをもつ誰かが突然、割り込んできて、会話を乗っ取られる。あるいは、論争に巻き込もうと仕掛けてくる……。

こうした場合、私たちは目を逸らしたり、飲み物を取りにいくふりをしてその場を離れたりと、非言語シグナルで意思を示したはずです。「あなたとは話したくありません。関係ない話ですよ」と。

敵でなく仲間を見つける

ツイッター側が交流レベルの調整設定の見直しを行い、確実に攻撃者たちをオンライン上で確認できるようにした。これをきっかけに、ユーザー自身が自分の交流パターンをもっと意識し、みんながソーシャルな敵対行為に遭わないようにしなければならないでしょう。

自由にあらゆる人と出会うのは、お互いの違いを知り、尊重することに役立ちますが、それは時として諸刃の剣で、不要な対立を生むことにもなります。ハッシュタグで見つけるべきは仲間であり、決して敵ではないはずです。

メディアコンピテンスが必要

文明は健全かつ豊かな方向へと向かっていますが、メディアはどうも悲観的です。たしかにインターネットによって情報量が膨大になっていますが、メディアリテラシーを備えればいいのではないでしょうか。

・ネット上のニュースでも、「話題にする価値があるのか?」と考えてみる
・ニュースソースやエビデンスを調べてみる

台湾の学校では「メディアコンピテンス」を身につけるよう、指導しています。個人としてメディアリテラシーをもち、それを人に教えられる能力です。すべてのデータにはバイアスが掛かっており、「データの消費者」になってし

まったら、本質がわからなくなります。

たとえばＰＭ２・５による大気汚染を管理する電子台帳を、一本の木というビジュアルで表したらどうでしょう？　各地の大気汚染データが枝葉で、それを集約したすべてのデータが木というイメージです。人々はもっと「自分たちの生活にかかわる問題だ」と感じられるようになるはずです。こうしたことが、メディアコンピテンスを身につけるきっかけとなります。正しく情報を理解し、自分のこととして考え、それを誰かに教えていくということです。

あるいは選挙なら、政治家のポスターを見て投票するだけではなく、社会に対して自分はどうしたいのか考えをまとめ、政治に参加する意識が大切です。

みんながメディアコンピテンスを身につけたとき、データの民主主義が果たされるのではないでしょうか。

Chapter 2

ジェンダーから自由になる

07

正しさから自由になる

自分がマイノリティであることに気づいた、いちばん最初の記憶は7歳のときです。

あれは小学校のカリグラフィーの授業。子どもたちはみんな鉛筆を持って、お手本通りに文字を書いていきます。

「君は左手書きを好む10％の少数派だね」

先生に言われてまわりを見れば、みんな右手で鉛筆を持っていて、私だけが左手でした。

横書きで書いていく場合、文字は左から右に進むため、左利きだと書いた文字が手で見えなくなります。

「普段、書くときは左手のままでいいよ。書道のときは左手のまま、右から左へ書く練習だってできるし」

両親と先生からは、そう言われました。そもそも漢字を縦書きに書くときは、行は右から左へと進むのです。

1981年生まれの私が6歳だったとき、台湾政府は中国国民党による一党独裁で、38年間もの戒厳令下にありました。

国が決めた「正しさ」がより強調されていた時代です。

そして当時の正しさは「右手で書くこと」でした。

社会に順応するために、私は右手で文字を書く練習をしなければならず、これが結構、大変でした。

結局、右手での手書きの練習は1年間だけ。なんとか右手で鉛筆を持つことを身につけはしましたが、ひとりのときは左手で書いていました。生まれたときからの、自分の利き手で。

左手より右手より両手がいい

1987年7月15日、戒厳令は解除されました。

それからは「どっちの手で書くのが正しいか」なんて気にする人はいなくなりました。私はタイピングに切り替えてから、右手で書く練習はいっさいしていません。

タイピングはどのみち両手打ちですから、両手利きはがぜん有利になります。実際、私の手書きは今もひどいものですが、タイピングならとても速い！

誰かが決めた「正しさ」はいらない

この「利き手の話」は、セクシュアリティの話の縮図です。いずれの場合も、少数派は、自分のことを隠していなければなりませんでした。どこかの誰かが知らないうちに決めた「正しさ」に照らし合わせて、それと異なるというだけの理由で。

右利きでもいい。左利きでもいい。

誰かが決めた「正しさ」に合わせていたのは、過去の話です。

08

男と女から自由になる

私には、思春期が2回ありました。

最初の思春期が訪れたのは14歳のとき。思春期とは「第二次性徴があらわれる時期」とされていて、それが主にテストステロン（男性ホルモン）とエストロゲン（女性ホルモン）の働きであることは、よく知られています。

それなのに、14歳の私の体の中で、テストステロンのレベルが高まることはありませんでした。

「80歳の老人並み」

「女性と思春期男子の中間ぐらい」

これが検査医の見解でした。


2度目の思春期は24歳のとき。ホルモン剤を服用し、女性として思春期入りすることを自分で決めたときで、それは2年ほど続きました。

こうして2回の思春期を経験したのち、「男か女か」という二者択一的な考え方が、私の中から消えました。

「女である」と自分をとらえている人は、社会の半分は、自分と異なるものだと思うことがあるでしょう。

「男である」と自分をとらえている人も、社会の半分の人々を、自分とは別の人たちだと思っているかもしれません。

しかし私の場合、「社会の半分は自分とは異なるものだ」という感覚がありません。

むしろ、交差的な体験をしたことで、社会のほぼ全員と同じ経験を共有しているような気がしています。

愛する対象はホモサピエンス

私はトランスジェンダーですが、自分は「マイノリティ」というカテゴリーに当てはまらないとも感じています。

思春期を2回経験する人は、左利きでありながら右利きにもなろうとする人と同じくマイノリティかもしれません。しかし、ひとたび両方を経験すれば、最大限に「インクルージョン（包括）」と言えるのではないでしょうか。

どちらでもあるし、どちらの側にもなれる。

どちらも含むのではなく、すべてを含む。

どちらも尊重するのではなく、すべてが尊重される。


左手と右手、両方を使ってみるような試みをした人はみな、インクルージョンになれる力を与えてもらえる——私はそんなふうに考えています。

だからこそ、性的指向を問われたとしたら「私はサピオセクシャルです」と答えます。知性（サピオ）に魅力を感じるということです。

私が愛するのはホモサピエンスだということ。それが私のスタンダードな回答です。

14歳の旅で知った自由な伝統社会

「男と女」という二者択一から自由になる。この考えのはじまりも、やはり10代にあります。

14歳で中学を中退したとき、校長先生をはじめとする先生がたはみな、全面的に祝福してくれました。

中退後、私が最初にしたのは旅に出ること。目指したのは、台湾北部。タイヤル族の住む山岳地帯でした。

台湾原住民の文化は、それぞれかなり異なっています。

たとえばアミ族など母権制の原住民もいます。また、母権制でも父権制でもない社会を築いた原住民もあり、彼らにとってジェンダーは、左利きかどうかと同じことで、リーダー選びには関係ありませんでした。

さらにジェンダー表現に関しても、性別が3つ、あるいは5つあったりする原住民がいます。

つまり台湾には、いにしえから、ダイバーシティ（多様性）もプルラリティ（多元性）も存在していたということです。

私たちはいろいろな属性やアイデンティティをもっていますが、どれも尊重されるべきものです。

それなのに「男性で年上だから優遇される」「外国人でLGBTQ＋だから偏見の目で見られる」など、属性やアイデンティティの組み合わせによって起こる差別もあります。その事実に気づき、あらゆる差別をなくしていく「インターセクショナリティ（交差性）」の視座をもつことが大切です。

インターセクショナリティの概念は、「女性にも選挙権があって当然だ」といったフェミニストたちの運動や、LGBTQ＋の理解を求める活動によって、進化してきました。

かつて参政権をもたなかった女性が当たり前に投票できるのは、かつて声を上げてくれた人たちのおかげです。

私たちがこうした過去から学べることも、たくさんあります。

異文化の視点で自分の世界を見る

旅をして人々にふれ、あれこれと調べるにつれ、私は台湾原住民のルーツをより深く理解できるようになりました。そしてこの台湾には、何千年も昔から「男と女の二者択一」とは異なるデフォルト設定があったのだと、気がつきました。

さらに台湾原住民の言語と文化のルーツを調べていくと、ニュージーランドにたどり着きました。そこには先住民のマオリ族がいて、彼らのルーツは台湾にあるようです。つまり台湾原住民と、オーストラリアのアボリジニには、文化とその言語の一部につながりがあるのです。

ここで思い浮かぶのは、ディズニー映画『モアナと伝説の海』です。舞台となった架空の島モトゥヌイには「珊瑚礁の向こうに行ってはいけない」という掟がありました。

それを打ち破って冒険の旅に出た主人公モアナは、洞窟に隠された大型船を見つけます。漁に使うよりはるかに大きな船体は、遠方への航海のためのもの。つまりそれは、今の自分たちは珊瑚礁の内側に閉じ込められるように暮らしているけれど、実は祖先は海を越え、たくさんの島を旅してきたという証拠でした。

『モアナと伝説の海』は、ポリネシアの島々全体がモデルになっているとされており、実際に海を通じて交流を繰り返してきた人々は、境目のない中で混然一体とした文化をつくり出してきました。

モアナは冒険の旅に出る前に、自分の島の洞窟のなかに、外の海を越えてきた祖先の船を見つけました。それと同じく14歳の私は山岳地帯を旅して、台湾という同じ島の中で、異文化に出会いました。

ごく身近なところにも異文化があり、その異文化の視点から、自分の育った世界を見つめ直すことができます。そうすると、これまで当たり前だと思っていた「ものの見方のデフォルト」が根本的に変わります。

14歳の旅を通して学んだ「モアナ的超文化主義」は、私の政治哲学になりました。

ジェンダーも文化も、インクルージョン。境目というものは、実はどこにも存在しないのです。

09

ジェンダー概念から自由になる

“Fast, Open, Fair & Fun.”

新型コロナウイルスに関して「台湾の感染予防対策の成功要因とは？」と問われるたび、私は「速やかに、オープンに、公平に楽しくやることが大切です」と答えていました。

「速く」という点で言えば、台湾の情報は非常に速かった。２０２０年、中央流行疫情指揮中心（ＣＥＣＣ）は、新型コロナウイルス感染症対策について３ヵ月間ほぼ毎日記者会見をひらき、それをライブストリーミングしていました。

また、フリーダイヤル１９２２に電話をすれば、誰でもソーシャルイノベーションのアイデアをＣＥＣＣと共有できるようにしました。

各薬局のマスク在庫量を、みんなが知ることができるアプリを導入し、在庫量は３分ごとに更新されるようにしました。

こうして１９２２に電話をすれば、どんな人も疑問、意見、アイデアを言える。国民健康保険証さえもっていれば、外国人を含む台湾に住むみんながマスクを購入できる。さらに在庫を知るアプリに付随して、目が不自由な人も音声によって同じ情報にアクセスできるアプリもつくる——まさに「速やかに、オープンに、公平に」を具体化するかたちで、新型コロナウイルス対策は進んでいきました。

もちろん「楽しさ」を忘れてはなりません。

たとえば、感染症予防の注意事項。くしゃみや咳をするときは、鼻と口元を覆うエチケットを忘れずに、2m以上の距離を保ちましょう、手洗いをしっかりと……。

これらを促すのは、衛生福利部（日本の厚労省に相当）のスポークスマンならぬ、スポークスドッグ。犬が予防対策を説明しているかわいらしい画像や動画のほうが、ミームとなって拡散しやすく、味気ない注意喚起にも楽しさが加わるというわけです。

さらに間違いをただす際こそ、ユーモアが役立ちます。ユーモアはデマを打ち消す力になってくれるのです。

ピンクがヒーローの色になる

新型コロナウイルス予防対策を進めている最中、1922に電話が入りました。ある少年の家族からの訴えでした。

「うちの息子が学校に行きたがらなくて困っています。みんなあなたがたが用意したマスクのせいですよ。マスクが全部、ピンクなんて！　うちの子は、『ピンクのマスクをつけて学校に行ったら確実にいじめられる』と言って、マスクをつけようとしません」

ピンクは女性の色、ブルーは男性の色と、誰が決めたのでしょう？　しかしそれが無意識にしみ込んでいることは確かなようです。

「財源が限られているので、これしかありません。白や青のマスクはありますが、すべての少年に供給するだけの量はありません」

私たちはそう答える代わりに、ある行動に出ました。

衛生福利部の担当官——ちなみにこの担当官が、スポークスドッグの飼い主です——が、衛生福利部の大臣に進言したのです。「次の会見からは全員、ピンクの医療用マスクをつけてカメラの前に出てくれませんか？」

大臣をはじめとする衛生福利部の人たちは、その日からしばらくピンクのマスクをつけてカメラの前に立ち続け、ソーシャルメディアのロゴもピンクに変えました。

ピンクのマスクを嫌がっていた少年は、感染症予防のヒーローがつけているマスクをもっていたおかげで、クラスで一番クールな少年になりました。

これはジェンダーフリーという視点からの事業開発としても、本当に優れた例だと思います。

始まりは、マスクを嫌がっていた一人の少年――つまり、それまで関係ないと思われていた人々、あるいは社会の中で軽視されていた層の声を聞くことによって、ブランドの再構築がもたらされるのです。

女性議員の割合は40％超え

台湾の現内閣は、私が今いる行政院の建物で、「ジェンダー主流化プロセス」と呼ぶ施策を通じて、さまざまなジェンダーや性的指向の人々を積極的に支援しています。

2007年にこのプロセスが開始されて以来、組織改革によって社会に真の変化をもたらすことができると証明した事例もあります。

台湾では基本的に、主要法案や1年以上続く主要プログラムは「ジェンダー共同参画委員会」を通す必要がありますが、委員会のメンバー構成は市民社会の専門家が18人、閣僚が17人。閣僚よりも市民団体の席が多く用意されています。

委員会はすべての議案を精査し、「ジェンダーに与える影響がマイナスかプラスか」を判断します。そして、プログラム終了後も重要な統計データ収集を継続し、ジェンダーへの影響を追跡します。

こうすることでエビデンスにもとづく政策を市民社会に示すことができますし、明確なKPI(重要業績評価指標)が得られるのです。

その結果、現在の台湾議会では女性議員の割合が40%を超えています。

また、私のオフィスのように、新しく建設された建物には、4種類のトイレが標準装備されています。

・ユニバーサルデザインの多目的トイレ
・ジェンダーニュートラルなトイレ
・女性用トイレ
・男性用トイレ

いずれも小さなイノベーションとして始まったものですが、ジェンダー影響評価や共同参画委員会の活動を経て、公共サービス全般に浸透しています。

カミングアウトがしやすい社会

もちろん、最初から何もかもスムースにいったわけではありません。当初は「ここは行政財務部であり、ジェンダー平等とは関係ない」などと言われたものです。

しかし、一見、まるで関係のない法案や異なるプログラムであっても、発案されたすべてのものは、必ずジェンダー共同参画委員会に意見を求めるというルールをつくる。こうすることで、公共サービスにも進歩的な視点が組み込まれていきます。

また、公務員の側から市民に対して、カミングアウトや個人的な経験の共有を促しやすくなるでしょう。

「男はブルー、女はピンク」のような、従来のジェンダー概念から自由になっていく日が来るかもしれません。

完璧ではありませんし、長い旅です。ジェンダー影響ダッシュボードも評価基準も、まだ「骨組みだけはできた」という段階です。

それでも組織内改革としてはとても重要なことだと考えています。

10

家族から自由になる

それが女と女であれ、男と男であれ、女と男であれ、同じことです。また、誰もが男と女のいずれかに属するわけでもありません。

愛は愛です。そこに実質的な違いがあるとは思いません。

先ほど、「性的指向を問われたら『私はサピオセクシャルです』と答える」と述べました。

私が愛するのはホモサピエンス――この答えには真実があると思います。個人と個人の間に愛が生まれるのは、相手が何かのカテゴリーに当てはまるからというわけではありません。

その人がどこかの組織に属しているから、愛するのではない。

その人が何かのグループに当てはまるから、愛するのではない。

その人がその人だから、愛する。

愛とはただ、人間本来の自然な感情の発露です。

いっぽう、家族というのは社会的構築物です。歴史を振り返れば、家族はさまざまな形態をとってきました。

アジア初同性婚の合法化

「日本の家族の形も変化している。かつての大家族から、ほとんど個人主義とも言える小さな家族に急速に移行したし、結婚の形もまた変化している」

こんな話を聞いたときは、そのとおりだな、と共感しました。

台湾の歴史においても、日本と同様のことが言えます。

また、文化が異なる台湾原住民は、それぞれが家族に対してかなり異なる考えをもっているのは言うまでもありません。

さらに中国本土の福建省南部から台湾に渡ってきた漢民族には、「結拜兄弟《ジエバエ》(blood brothers)」という考え方がありました。

血縁や婚姻関係がなくても兄弟の契《ちぎ》りを結ぶというもので、もともと社会的儀式として始まったもののようです。結拜兄弟の深い関係性は、今の私たちが考える同性カップルと通じる点があります。すなわち、台湾において家族のかたちも、ジェンダーと同様、昔から多様であったということです。

2019年5月、台湾はアジアで初めて、同性間の結婚の権利を合法化する特別法案を可決しました。同性婚が合法化されている国は世界におよそ2割あり、オランダ、ベルギー、スペイン、ノルウェー、スウェーデン、ブラジル、南アフリカ、オーストラリア、アメリカなど。

アジアでは今のところ、台湾が最初にして唯一の法的に同性婚を認めた国であり、あとはタイでパートナーシップ法が閣議決定しただけです。

「結婚を祝福されたい」という願い

台湾での合法化は、フェミニスト運動とLGBTQ+運動がもたらした勝利でしょう。東アジアには、「結婚は家と家のもの」という家父長制の文化や考え方が根強くあります。そのためか近隣の国家からは、「同性婚が合法なんて想像すらできない」という声が上がりました。

それに対して、私はこう言いました。

「LGBTQ+コミュニティの平等のために運動をしているなかで、結婚の平等を求める人たちについて考えてみてください」と。

彼らが結婚の権利を求めているのは、周囲から祝福される結婚を望んでいるからです。「自分たちの結婚を、何らかの意味や価値をもつものにしたい」という思いがあるからこそ、LGBTQ＋の平等を求めて運動するとき、結婚の権利を最優先事項にかかげています。

もしもヨーロッパの一部の国々のように、もはや結婚制度に重きを置かない文化であったら、「法的な結婚なんてどうでもいい」となり、彼らはこのような行動を取らなかったかもしれません。

しかし台湾の人々にとって、家庭生活や結婚に対する考え方は、パートナーが異性であろうと同性であろうと、同じように大切なものです。

「家と家」から「個人と個人」の結びつきへ

そこで私たちは話し合いを行い、国民投票を行いました。

台湾の人々が下した結論は、「同性間の結婚の権利を合法化する」というものでした。異性婚カップルと同等の権利と義務が保障されたわけです。

結婚を登記することができ、パートナーが先立った場合は残された人に相続の権利が生じます。結婚した二人には相互扶養の義務があり、パートナーのどちらかと血縁関係がある子どもを養子にすることもできます。

ただし、この結婚によって、お互いの家族が姻族になるわけではなく、同性カップルの結婚とは当事者間のものです。私たちは国民投票を経て、「家族同士の姻戚関係については文化的判断に委ねる」としました。

「個人と個人の結びつき」という発想は、台湾原住民の発想から得たものでもあります。結婚は個人と個人のものであり、それぞれの家族は関係ない——世界には結婚制度に重きを置かない文化の国もあり、彼らにとって、これは当たり前の話です。

「AさんとBさんが結婚したら、自動的にAさんの両親はBさんにとっても義理の親になる」という、家と家との結婚という概念などもっていないのです。

そういう考え方をする人がいてもいいのですが、台湾で同性婚を合法化した際には、これは非常に重要なポイントでした。

「家族は姻族としての形を取らなくて良い」という手法のおかげで、一部の抵抗勢力の声も下火になったのです。

なぜなら台湾には父系社会の伝統もあり、「先祖や家を守る『永続的結婚』が大切だ」とか「それぞれの親族も姻戚関係になるのは当たり前だ」という考えを主張する人々が一定数います。彼らは「同性婚は個人と個人の関係であるなら、社会的脅威にならない」と見なしたのでしょう。このやり方は、日本でも検討してもいいのではないでしょうか。

同性婚の合法化は、結婚の再定義です。これはソーシャルイノベーションであり、世代や宗教を越えて、本当の意味で市民の考え方を変えました。従来の「家族」という考え方や在り方から解き放たれたということです。

同性婚への支持と社会的認知は上昇していて、合法化されたときより10%以上アップしていると思います。

哲学者に学んだ「家族」的関係

私は若い頃、オーストリアの哲学者、ルートヴィヒ・ヴィトゲンシュタインの熱烈な愛読者でした。

ヴィトゲンシュタインは著書『哲学探究』（邦訳：岩波書店）のなかで、「家族的類似」という考え方を提唱しています。

たとえば「家族」という単語は、使う人によってさまざまに異なるものを意味するでしょう。でも私たちが「家族」という語を使うときは、必ずしも顔や性質がそっくりである必要はありません。そこに何かひとつでも共通の特徴があれば、「家族」的関係を認識していると考えます。

・「家族」に限らず、あらゆる語に明確な定義というものは存在しない。
・語の意味とは、部分的な共通性によって成り立っている。

これがヴィトゲンシュタインの言語哲学の概念です。

この家族的類似と対照的なのが本質主義です。「家族」を例にとれば、法律で定める本質的な特徴によって定義されるという考えになるでしょう。

たとえば、「男と女が結婚していたら家族」「家と家が姻戚関係になるのが家族」「血縁関係があるのが家族」「同居して生計を共にするのが家族」などなど、決められた要件を満たしたとき、初めて家族になるということです。

まるで、個人と個人の間に愛が生まれるためには、相手が何かのカテゴリーに当てはまるのが必須条件であるかのように、家族も〝条件つき〟です。


私たちが現在やろうとしているのは、この本質的特徴の要件を緩和すること。結婚する本人同士が「私たちは家族的関係になった」と感じたとき、その二人の家族像を尊重する環境をつくることです。


どんなかたちでもいい。

どんなつながりでもいい。

家族の一員になった人が、それを「家族だ」と認識できるようにすることが大切です。これが、哲学における家族的類似が意味するところであり、台湾の同性婚合法化についての私の考えでもあるのです。

Chapter 3

デフォルトから自由になる

11

強制から自由になる

「私は保守的アナキストです」

インタビューでこう話してから、それはどんなものなのか、しばしば質問を受けます。

一般に保守主義（コンサバティズム）は伝統や慣習や組織を守るものとされています。

いっぽう、無政府主義（アナキズム）は「形骸化した規制や強制はいらない」とする考え方とされ、革命を起こすような過激なイメージがあります。

保守主義とアナキズム（無政府主義）は、水と油。そもそも相反するものだと考えられているから、「保守的アナキスト」という言葉が違和感をもたらすのでしょう。

でも、私の定義は異なります。

多様性を犠牲にしない保守とは？

「保守的である」ことは、昔ながらの制度なり伝統なりを尊重するので、誰も犠牲になることがありません。

たとえば台湾には20を超える言語があり、それぞれに固有の原住民または移民の文化圏があります。これらはどれも尊重されてしかるべきものです。ところが人間は進歩の名のもとに、短絡的な解決に走るソリューショニズムのような考え方に飛びつきがちです。すると、あるひとつの軸にもとづく進歩のために、しばしばそれ以外の文化を犠牲にしてしまいます。

一つを選ぶために、そのほかを捨てる。

これは私の言う「保守主義」ではありません。

私が考える「保守主義」とは、社会が共通の価値観に合意すること。

これが何よりも重要であり、20の異なる文化のような多様かつ伝統的価値を犠牲にしてまで、進歩一辺倒であってはいけない、ということです。

アナキズムと老子の教え

そして私の言う「アナキズム」とは、高圧的行動に訴えることなく、変革に取り組む、ということ。

暴力や権力で威圧できる、既得権益などを独占している、ただそれだけの理由で他者を従わせてはならない、ということです。

だから私にとってのアナキズムは、爆弾を投げつけるたぐいの混乱ではありません。もしも「アナキスト」という言葉が過激に響くのであれば、「道教」と言い換えてもいい。私にとっては道教もアナキズムも同じものです。

老子の思想も影響している道教の柱となる考え方は「安全な場所」をつくることです。その場所ではさまざまに異なる価値観が混然としていて、「何が正しいか」を押し付けられることがありません。強制のない世界——これが中心となる考えです。

この発想があれば、いかなる多様な価値観、意見、文化があろうと、混沌を恐れることはないと考えています。

一つの正しさのために、進歩のために、他の正しさや他の文化、他の声がかき消されてしまうこともありません。

安全な居場所から思いやりは生まれる

ただし、変革を起こすためには、居場所が必要です。自分がいる環境に守られていること。安全だと感じる場所をもつこと。これが何よりも大切なことです。

もしも自分に居場所がなかったら？

もしも自分の安全が担保されていなかったら？

人は他者を受け入れようとしなくなる。これはごく単純な人間の性《さが》です。

もしも私の家にカウチがなかったら、「カウチサーフィン」と呼ばれる民泊コミュニティを歓迎することもないでしょう。

至極、当たり前のことです。

新型コロナウイルス対策を講じる際も、「安全な居場所」という舞台づくりからはじめました。

医療用マスクの輸出を始めたのは2020年6月のことですが、その後、1日当たり200万枚だった生産量を1日当たり2000万枚にまで引き上げました。

必要十分なマスク生産量が確保できたところで使用制限を撤廃し、世界中の人道支援団体にマスクの寄付まで行うようになりました。

これは「台湾には十分なマスクがある」と人々が思えたから、実現したことです。自分の居場所で安全が担保されたから、他者を受け入れ、思いやることができました。

しかし、マスク増産態勢が整うまでの2〜3ヵ月間、状況は異なりました。

「十分なマスクがありません」

「必要な資源がありません」

「申し訳ありませんが、ほかを当たってください」

そう伝えて、私たちはマスクの使用制限をし、人々はそれに従った。これもごく当然のことだと思います。

結論としては、自分の居場所があるかぎり恐れることはないということ。

私が目指すのは、「強制から解放されたアナキズム」。

居場所さえあれば、どんな変革も、強制や排除なしに起こせるはずです。

12

ヒエラルキーから自由になる

「保守的アナキズム」とは、文化横断的な考え方です。赤がいいか、黒がいいかという二元論的な考えではありません。トランスカルチュラル（多言語・多文化的）な合意によって、一人ひとりの文化、伝統、考え方、価値観など、それぞれの「立ち位置」に関する共通の価値認識がつくりあげられていく。そして、誰ひとり取り残すことなく、この共通の価値観を実現するためのイノベーションを起こしたい。

私はそう考えています。

インターネット空間の統治機構

長く続いてきたヒエラルキー構造は、もはや終焉《しゅうえん》を見ました。

誰が上でも誰が下でもなく、指示系統も命令の権限も存在しなくなります。「ヒエラルキー構造が終焉したとき、リーダーシップはどこに見いだせるのでしょうか？」と尋ねられたなら、私はインターネットの話をします。

インターネットはまさに「ヒエラルキーのない組織」です。

「インターネット空間の統治機構」と私たちが呼ぶものは、「実際のところ、規約策定者に権力はない」という大まかな合意にもとづいています。

たとえば、インターネットプロトコル（ＩＰ）の策定者には、現実的な力はありません。

あるいはプラットフォームを設計するために、陸軍も海軍もいりません。

それでも私たちは検索に、ＳＮＳに、メールに、動画を見るために、日々インターネットプロトコルを使い、そのルールに従っています。

これが意味するのは、通信事業もまた誰かに強制されることなく、このインターネットプロトコルに準拠している、ということです。

インターネット上にはＩＥＴＦというインターネット上の国際標準を策定する組織もあり、ＩＥＴＦは「リクエストフォーコメンツ（ＲＦＣ）」という技術仕様の保存と公開をしています。

インターネット上で誰もが見られるようになっているから、ＩＥＴＦが力をもつことはありません。

強制せずに協働する方法

　このように、ウェブ上ではいろいろな団体組織の集合体のもてる力が最大限に発揮されていて、それは通信事業者にとどまらず、アプリケーション開発者も含まれます。

　たとえばオンライン会議のためのソフトウェア「Webex」。これを開発したのは業務用ルーターの多くを販売しているシスコシステムズというアメリカの企業ですが、あなたの手持ちのルーターがシスコ製品であってもいいし、他のベンダー製品であってもかまわない。誰もがWebexを使用できるし、独占する必要などありません。

　私はオンライン会議の際、Webexを使うこともありますし、ブラウザから参加していることもある。その場合に便利なのが「WebRTC」です。

　WebRTC（Web Real Time Communications）の名前のとおり、ブラウザでリアルタイムコミュニケーションを可能にするオープンフレームワークですが、この技術の開発に、どれだけ多くの人が参加しているでしょうか？

それでも誰かが何かを独占することはありません。FirefoxだろうとGoogle ChromeだろうとMicrosoft Edgeだろうと、Webブラウザさえあれば、一方に何かを押しつけることなく協力することができます。

この強制を伴わずに協働するやり方こそ、さまざまな成果を生み出すのは明らかです。

シビックハッカーたちが実現したこと

台湾政府もまた、同じ試みをしています。

台湾はオープンガバメントを目指し、立法院議員を抱える全政党は「オープンガバメントパートナーシップ」計画に署名しています。つまり、議会での法案審議はオープンな議会運営方針に則って行うようになっているのです。

たとえば、政府側が「オープンな関係を」と市民に働きかけた場合、それは単に「決めるのはあくまで政府で、みんなの意見を参考までに聞いておく」という場になりがちです。

そんななか、台湾のオープンガバメントが独自のやり方で成功しつつあるのは、それが社会的課題を解決するためにつくられたＮＰＯやＮＧＯなどのソーシャルセクターとつながっていることが大きいでしょう。政府と市民がインターネット上で対話できる仕組みがあるのです。

２０１６年、台湾最大のシビックテック「ｇ０ｖ（ガブゼロ・零時政府）」が、「vTaiwan（ブイタイワン）」というプラットフォームをつくりました。

ｇ０ｖは、有志のプログラマーがつくったオンラインコミュニティ。今ではＩＴの専門家だけでなく、作家やアーティスト、学生までさまざまな人たちが加わっています。

そこから生まれたvTaiwanは、インターネットという開かれた場で法令を議論するためのプラットフォームです。

かつて私はvTaiwanの運営側としてＡＩ開発に尽力してきましたが、現在のvTaiwanはソーシャルセクター方式で運営されており、vTaiwanを動かすマシンは、そのソーシャルセクターが管理しています。

よって私の口からvTaiwanについてコメントはできかねますが、私の知る限り、多くの立法院議員がvTaiwanコミュニティに参加しており、市民と議会が連携しているようです。つまりvTaiwanというインターネット上の「ヒエラルキーのない場」は、大まかな合意形成と、議会という文脈を通して国民が政府に何を期待しているかの協議の場として活用されているということです。

アルゴリズムを使ったルールづくり

デジタル担当大臣として入閣する前、私はvTaiwan上で行われた「配車サービスのUberを規制すべきかどうか」の議論に、ファシリテーターとして参加したことがあります。

そこには、規制よりもアルゴリズムによる統治を信じている人たちも集まっていました。なぜならアルゴリズムのほうが規制よりも効率的だから。もっと燃料を節約することもできるし、時間ももっと短くできるからです。

また、利用者の評価にもとづいた機械の分析がプロドライバー免許の代わりになるので、プロドライバー用の免許を取得する必要もないというのがUber賛成派の主張でした。

議論にはつねに賛成と反対があり、意見はつねに対立するものです。「Uberなんて禁止すべきだ」との声もありました。

そこでＡＩ支援の会話システムコンポーネントを使用して分析してみると、対立しているUber側と従来のタクシー側、どちらにも共通する価値観があることがわかりました。

たとえば乗客に対する運転者の責任や、乗車料金の課金方法について。Uberには料金急騰システムがありますが、従来のタクシーも、特別仕様車や特別な用途の場合は、料金急騰システムを導入したいと考えているのではないか。それならこの点に関して合意を取り付けるテーブルが必要になります。

こういったシンプルな事案からより複雑な事案まで、全部の議題をまずテーブルの上に並べる。思想の不一致を認め、規制でがんじがらめにせず、オープンに話し合う。こうしてタクシーもUberもそれぞれのルールに即して成功したのです。

参加型社会のリーダー像とは？

ヒエラルキーが消えた世界では、国とソーシャルセクターとのオープンな協力が重要です。そして一人のリーダーでなく、多くの人の力が不可欠です。

よくメディアで取り上げられる、どこの薬局に行けば確実にマスクが入手できるかを示したマスク在庫管理アプリは、何千という市民エンジニアの力で実現したのであって、決して私の功績ではありません。

私はただ、市民エンジニアたちの仕事の成果を見せるポータル部分のコードを書いただけ。いわば私は、植木鉢をつくるために粘土をくり抜いているだけであって、その鉢に木を植えてくれるのは市民たちなのです。

ヒエラルキーが消滅したインターネットのような参加型社会において、リーダーの役割は、自身の属する組織を最大化することです。

たとえば、私が従事することすべては公的記録として文字に起こされ、あるいはビデオに録画されて公開されます。私が率いるチームＰＤｉＳの活動は、すべてインターネット上で全世界に明らかにされているのです。これは文字通りのことで、私が行うウェブ会議にしろ、誰かとの会話にしろ、この本のために受けているインタビューにしろ、すべてがオープンです。そのためロビー活動をする人は、私に対してロビー活動をするのではなく、全台湾社会に対してロビー活動を展開していることになります。そうなると、どの活動団体も、自分たちの業界など、小さな利益のためのロビー活動はできなくなります。グローバルな目標や持続可能か否かという観点から陳情にやってくるのは、すべての団体が「常に何もかも見られている」と承知しているからです。

政府の特定部門とコネクションをつくるにもＰＤｉＳが土台となるため、自律と秩序をもつ「自己組織型」の団体のほうが有利です。逆に言うと、その場にいない関係者を無視しがちな「密室の陳情」は通用しにくくなります。

私がビデオでこの本のインタビューを受けていること自体、インターネットにおける強制を伴わない統治、ウェブコミュニティの成果を示す証拠なのです。

Audrey Tang
A Letter to Freedom

13

支配から自由になる

自由について、今、懸念《けねん》が高まっているのは香港でしょう。

台湾は、人道支援がオンラインで行えないときのために開設した香港事務所をもっていて、この事務所経由で、安全な居場所を必要とする香港市民に対してできることすべてをやっています。

たとえば、自分の考えを自由に発表できる場だったり、独立系書店の運営だったり。


また、アメリカの人権団体HRFが主催する「オスロ自由フォーラム（OFF・Oslo Freedom Forum）」は、人権団体、反体制派、IT企業の経営者などが参加する集まりで、2009年からずっと、その名の通りノルウェーのオスロで行われていました。

2018年8月、台北がその開催地となったのは、台湾が権威主義と逆の立場だというあらわれであり、香港市民のためのものでもあります。

さらに「国境なき記者団」台湾オフィスも、香港市民がいかなる反動も恐れることなく、真の関心事や自身の考えを表明し、世界と手を携えつづけられるようにしています。

買い叩かれた一国二制度

香港のことを考えるときに、今も思い出すのが、私が子ども時代を過ごした1980年代後半のことです。

戒厳令は解除されたばかり。当時の台湾に報道の自由はなく、あらゆることが遮断されていました。自国で起こっていることを正確に報じていたのは香港にたくさんいた国際ジャーナリストたちであり、台湾市民は彼らから情報を得ていました。

言ってみれば、今はあの頃の恩を返すときだと思っています。

1997年7月、香港の主権が英国から中華人民共和国へ返還された際、「今後50年、何も変わらない」という約束がありました。

そして生まれたのがいわゆる「一国二制度」であり、これは香港プロトタイプ、つまり香港ならではの発想と試みだったと思います。しかし結局この方式も、当初の構想どおりにはなりませんでした。

今、香港市民の目に映っているのは、最初の約束が思いきり買い叩かれているような光景です。中国の言動が香港市民に警戒感を抱かせる要因はここにある、と私は考えています。

実態は「一国二制度」ではなく中国が主体となった「一国一制度」であり、それが端的に見られるのは司法制度でしょう。

香港返還に際して、「香港特別行政区には独立した司法権を認める」という約束がありました。そこでかつてあった最高法院は（日本の最高裁判所に相当）、香港終審法院（court of final appeal）と名を変えましたが、実際の司法機関としての扱いは、名前ばかりか機能までも変わってしまい、司法の独立が危ぶまれています。

「最初の約束がいかに最善を意図したものであれ、肝心のその約束が守られていないじゃないか」というわけです。

絶望の切れ間に光がある

それでも私は、絶望することではないと思っています。そして、台湾の私たちが教えられるのは、常に希望はあるということ。

私たちは、歴史上もっとも長期におよんだ戒厳令時代に苦しんだ国民であり、「すべての希望がついえた」と思われるときこそ、希望をもちつづける術《すべ》を知っています。

どんなことにも、光が差し込む「切れ間」はあります。

今、香港市民にとって大切なのは、あちこちであのリーダーやこのリーダーが拘束され、刑務所に入れられ、捜索を受け、軟禁され、罵倒され、誹謗《ひぼう》中傷を受けたからといっても、「切れ間」を見失わないこと。希望を失わないことだと思います。

香港の運動スローガン「水になれ」

香港市民のほうからも、世界に教えてくれていることがあります。なかでも素晴らしいのは、彼らの運動スローガン「水になれ」という考え方です。

リーダーは一人ではない。

何千何万の人が、それぞれリーダーになりうる。


このことを、「水になれ」というスローガンは教えてくれます。

人間一人ひとりがもつイマジネーションの可能性は無限大です。

いかに優れていようと、いかにカリスマであろうと、「たった一人のリーダー」よりも大勢の、一人ひとりの力が重要です。


ハッシュタグという手段もまた、「水になれ」につながるものだと思います。

ハッシュタグには、市民を動かす力があります。もっともこれは人ではないから、厳密にはリーダーではありませんが、しかるべきハッシュタグなら、人間のリーダー一人が動かすより、はるかに多くの人を動かすことができるでしょう。

「水になれ」式の発想は、まさに道教の思想そのままです。

道教を心に留めておくことは、希望を失わないためにも役に立つでしょう。

政治家よりも#（ハッシュタグ）が影響力をもつ

新型コロナウイルスが広がる不安のなか、日本ではこれまで以上の法規制や秩序を求める人々が増えるいっぽう、民主主義の危機が進行中に思える。これは自分たちの政府が信頼できるか否かと関係している――そんな声があると、このインタビューで聞きました。

私が思うに、日本のみならず多くの国の人々は、自分たちの国の代表になる立候補者より、ハッシュタグのほうに親近感があるのではないでしょうか？これは私たち政治家に突きつけられた課題でもあります。

かつては、それほど強くはないにしても、有権者は代表者に親近感を抱き、民主政体で政治を行う者に対してもいくぶん親近感がありました。

国によっては国民投票のような直接投票をしており、そのことによる親近感はあったでしょう。こういった統治機構は、民主主義を意味あるものにしていました。

しかし今は、ハッシュタグがたいていの政治家よりも文字どおり多数の市民を動かしており、市民たちはお互いに対して、少なくともお互いのハッシュタグに対して親近感を覚えています。それは自分たちの代表者への親近感よりも強固なものです。だから民主主義は時代遅れのように感じられるのだと思います。

政治家が国民と向き合うのは選挙のときのみで、しかも代表の更新は4年ごと。こんなに狭い帯域幅では、インターネットのアナログ回線でのろのろと少しずつデータを送っているようなものです。大多数の国民の必要十分にはほど遠いでしょう。

リーダーに必要なのは透明性と説明責任能力

だからこそ、私は毎日、民主主義をオープンにしなければならないと思って行動しています。関心のある国民から何か寄せられたときはただちに対応することです。

そのとき、透明性はたしかに重要ですが、それはひとつの柱にすぎません。もうひとつの柱は、「政府がこれをしているのはなぜなのか」ということを国民に説明する、アカウンタビリティ（説明責任能力）です。

また、より良い提案が国民から寄せられたときも、すぐに検討して政策に盛り込むことです。

台湾の場合、その実例が、中央流行疫情指揮中心（ＣＥＣＣ）が毎日、開いている記者会見です。提案はすべて市民社会からであり、それを迅速に施策に反映させるのがＣＥＣＣの仕事です。こうした連携が毎日行われていると期待をもたせることが、感染症対策本部をどんなハッシュタグよりも重要な地位に押し上げていると私は思っています。

危機が訪れると、繰り返し、二者択一の価値観が顔を出します。

たとえば、「公衆衛生と民主制はゼロサムゲームであり、パンデミックに対抗するには公衆衛生を優先し、民主主義と経済活動の一部を犠牲にしなければならない」といった考え方です。予防か経済か、国や地方自治体による自粛要請か個人の自由か……。

しかしこれは、台湾ではまったく支持されない方針です。

民主主義を深め、経済活動を活性化させつつ、新型コロナウイルスのような脅威の拡大を食い止めるには、左でも右でもない場所に行かなければなりません。

この「風上へジグザグに進む」という思考法は、透明性と説明責任能力があってはじめて実現可能なのではないでしょうか。

14

言葉の壁から自由になる

私の母語は台湾語ですが、考えるときは英語です。英語の他に標準中国語とドイツ語を学び、フランス語も少し話せます。

そんな私が重要だと思うのは、多くの言語を習得すればするほど、新しい言語を学びやすいということ。

当たり前の話ですが、言語は文化に通じていて、より多くの文化に接している人ほど、新しい文化を受け入れやすくなります。

つまり、たくさんの言語ができるということは、たくさんの文化を取り入れられるということです。

そこで台湾政府は、10年以内にバイリンガル国家になることを目標に「2030年バイリンガルカントリープロジェクト」を発足させました。

しかし、私たちが言う「バイリンガル」は、必ずしも台湾の公用語と英語を指しているわけではありません。

たくさんの原住民がいる台湾には、20を超える言語があり、その大半が土着言語です。アミ語、タイヤル語、ルカイ語、マカタオ語……。

つまりバイリンガルとは、「アミ語＋英語」でもいいし、「ハッカ語＋英語」でもいい。自分の母語に加えて英語を話せるようになるということを、私たちは「バイリンガル」としています。

言葉で世界にドアを開ける

台湾がバイリンガル化すると、２つのメリットがあります。

メリットその１：世界中の英語を共通語としているたくさんの国々、たくさんのコミュニティとつながることができること。

メリットその２：台湾にやってくるさまざまな国の人々が、「台湾は居心地のいい場所だな」と感じてくれること。

他の国からたくさんの人が旅行やビジネスで台湾にやってきたとき、もしも町中の看板や交通案内板が台湾語だけだったら、とっかかりとなる部分が見つからず、気後れしてしまいます。その意味で英語は、「ドアは開いているよ」

というサインにもなり得るのです。

台湾では現在「就業ゴールドカード」を発行しています。台湾を訪れた人たちが「すっかり気に入った。長く滞在したい」と思ったとき、このカードを使って申請すれば、観光ビザを3年間の滞在ビザに変更できます。そうすれば就労と居住が許可され、6ヵ月後には国民健康保険にも加入できます。

3年間の有効期限が切れたら、再度申請が可能。実際に多くの外国人が、再申請をしたり台湾の市民権を取得したりしています。台湾は二重国籍を認めているので、外国人は母国の国籍を維持したまま台湾人になれます。

「バイリンガリズム」を超えた、「バイナショナリティ」。

これは国としてトランスカルチュラルなアイデンティティを築くのにとても良い方法だと思います。トランスカルチャー――つまり異文化が混じり合った、境目のない文化を。

自分たちを特定の文化で定義するのではなく、開かれた環境の中で、新たに定義しようとしているのです。

プログラミング言語が共通語でもいい

この話に対して、「英語を学ぶことが重要だ」という平板なとらえかたをする必要はありませんし、それはとても狭い、誤ったとらえかたでもあります。

たとえばこれからは、プログラミング言語が、英語に匹敵する共通語になるかもしれません。プログラミング言語のジャバスクリプトは英語と同様に、いいえ、英語以上に、国際的交流の場でよく使われている言語です。

ジャバスクリプトのみならず、スクラッチやパイソンというプログラミング言語は、多くの異文化と異文化を自由につなぎ、混じり合った新たな文化をつくりだしている。言ってみれば、コンピュータの世界でトランスカルチャーの触媒になっています。国ごとにそれぞれのコンピュータ設定がありますが、大きな問題ではないでしょう。

ユーザーがプログラミング言語を学ぶのは、プログラマーになりたいからではありません。そのプログラムを使って何かをやりたいからです。
コンピュータは誰かの発明と誰かの発明が掛け合わされて発達してきたという歴史があります。国を超えた人と人との協働が、コンピュータの成り立ちなのです。

私は8歳のときに独学でプログラミングを学んで以来、コンピュータに親しんできました。他の人たちと互いの成果をもち寄って編集し、新しいものをつくり出す「リミックス」は楽しいものです。リミックスは開発の本質だと思いますし、特にパワフルです。

コンピュータ上には今も「デュオリンゴ」のようなリミックスコミュニティがたくさんあって、みんなが自発的に翻訳を上げたりしている。相互にやり取りできる空間がそれを実現しています。

グローカル化の時代

言葉の壁から自由になれば、これと同じことが、世界のあちこちで起きる。
それが母語の他の言語を学ぶ最大の贈り物です。

すなわち、誰もが国の枠を超えて協働できる――これが何よりも大切なことです。

今はグローバル化の時代だと言われていますが、私たちが目撃しているのは、いわゆる「グローカル［グローバル＋ローカル］化」です。

自分の地域（ローカル）の文化や言語を、他の地域の異なる文化や異なる言語の人々が開発したデバイスを使ってシェアする。そうすると、ずっと知っていて、おざなりにしていたかもしれない自分の文化を、異文化の視点から見直すことができます。そこには何かしら、新たな発見がある。これはグローカル化のひとつです。

その逆も然《しか》りで、誰かのローカル文化が、他の地域の文化に新たな視点を届けることもあるでしょう。

私たちはそうやって、自分の言語という文化を大切にしながら、言葉の壁から自由になることができます。

Chapter 4

仕事から自由になる

Audrey Tang
A Letter to Freedom

15

スキルセットから自由になる

「それの何がいけないんですか?」

インタビューの中で、「今後、人間の仕事はＡＩやロボットに取って代わられるのではないかと危惧《きぐ》する人々がたくさんいる」と聞き、私は反射的にこう答えました。

「工業先進国では少子高齢化が進んでいる」

「人々はどんどん年老いていき、労働力のような無形資源を得ようとする競争も増えている」

こうした議論が盛んになされていることは知っています。

ＡＩが怖くない2つの理由

私はＡＩが脅威であるという論調については懐疑的です。

労働力には限界があり、有限なものなのだという見方は疑わしいとも思います。シンプルに、世界の労働力に限りがあるとは考えていません。

それには2つの理由があります。

1、テクノロジーで労働力を補うことができる
2、テクノロジーは認知労働も供給しうる

順番に説明しましょう。

労働力が足りない――つまり労働の「量」が欲しいというとき、工業ロボットの助けがあればどうでしょう？　人を集め、働き続けてもらうのは大変なことでも、ロボットであればあっという間に何台も確保できます。

繰り返しの単純な構造の労働については、人間が行っているほとんどの労働は自動化できます。そして実際に、世界中でありとあらゆる機能が自動化に向かっています。

つまり第一の理由、「テクノロジーで労働力は補える」というのはすでに現実化していることです。

認知労働もＡＩがこなす

「それは量だけが必要な仕事であって、知的な仕事はロボットでは無理だ」という意見もありますが、人間が行う労働の「質」とロボットの行う労働の「質」に大きな違いがあるということについても、私は疑問に思います。

私たちがテクノロジーによる代替が難しいと考えている知的な仕事、つまり認知労働についても、今や文章生成言語モデルGPT－3などが状況を一変させています。

仮にあなたが本を書こうとしているとして、ひたすらキーボードを叩き続ける時間が確保できないとしても、GPT－3に初動の構想と一連の動作さえ指示すれば、残りは仕上げてくれます。

まだ完全とは言えませんが、こうしたテクノロジーによる認知労働も労働の自動化を促進してくれるわけです。だから私は、認知労働についても肉体労働についても、労働資源が有限なものだとは考えていません。

これが第二の理由、「テクノロジーで認知労働も供給しうる」ということです。

山登りはドローンにお任せ？

この話をすると、再び同じ質問が繰り返されました。

「テクノロジーの発達は素晴らしいことですが、認知労働さえこなすＧＰＴ－3は脅威だ。今後、人間の仕事はＡＩやロボットに取って代わられるのではないかと危惧する人々がたくさんいますよ」と。

しかし、私は心配していません。みんな安心していていいのです。

「危機感が募ってしまうのなら、山登りをしてみてはどうでしょう？」

こんな提案をしたいところです。これまでお話ししてきたように、台湾にはぜひ足を運んでいただきたい素晴らしい山がたくさんあります。

ちなみに、山にとても速く登ることができるロボットもあります。私が登るよりずっと速い！　防寒具やテント、水や食料もいらない！

それでも私は、山登りロボットは使わないでしょう。

ロボットを山に登らせて、朝日が昇るぴったりの瞬間にすてきな写真を撮らせ、最速で戻ってこさせようとは思いません。

山登りは、自分自身が登山道を自由に歩いて楽しむものだからです。もちろん、誰と競争することもなく。

つまり私は、山登りを自動化して、自然とのかかわりや自分の楽しみを壊してしまうことはしないでしょう。

それでも山登りの目的は、常に楽しみとは限りません。

「電波の具合がおかしくて、みんなスマホもパソコンもつながらなくなっている。山頂に設置されたテレコムの通信用5Gタワーが機能しているかどうかを、大至急、確かめたい」

こうした目的なら、私は何のためらいもなくドローンを飛ばすでしょう。そこに登山の楽しみはないわけで、点検・修理が目的だからです。

「ハンコ問題」は、ハンコの話ではない

何事も多面的に考えると、問題がクリアになります。

たとえば日本では、「契約書や行政手続きの押印廃止」という流れが起きて

いるという話題が、このインタビューでも出ました。

台湾も日本と同じ印鑑文化の国です。２０１６年の入閣にあたって、私は「大臣としてのアカウントをつくる際に必要だ」と言われたために、ハンコを用意しました。ところが２０２０年5月に再入閣した際、持参のハンコを使う場面がありませんでした。すっかりサインに変わっていたのです。

しかし、「ハンコ問題」とは、実はハンコではなく「紙の問題」です。紙に押印しているからウェブ上でのやりとりが難しく、テレワークなどにそぐわないという視点も必要です。紙に代わるような「ハンコを押せるコンピューター画面」にアップデートしたら、印鑑文化の新たな生かし方が見つかるかもしれません。

問題を考えるときは、たくさんの視座をもつといいでしょう。

自分の価値観を置く場所

ＡＩについての話は労働力や労働の質が本題ではありません。すべては、私たちがどこに価値を置くかによるという議論だと思います。

もしも自主性や相互関係、共有の価値観などを大切にするのであれば、ＡＩは単に補助的知能です。整然として正確に機能する、良いものだと見なされるでしょう。自分を助けてくれるのですから。

もしも何か特定のスキルセットこそ、自分と切り離せないものだと考えているなら、ＡＩは脅威となるでしょう。

「この仕事のこの技術こそ、自分である」

それがプログラミングであれ、文章を書くことであれ、データ分析をすることであれ、何らかのスキルセットを重視している場合、ロボットは仕事を奪い去る敵となり、不安が生まれます。

私自身にスキルセットはありません。だから少しも心配していないのです。どうしても心配になったら、のんびりと山に登りながら、考えてみるといいのではないでしょうか。

「自分の価値観をどこに置くか――それはスキルセットでいいのだろうか？」と。

16

一枚岩から自由になる

台湾は二重国籍を認めていて、台湾で就労している外国籍の人は大勢います。すでに述べたとおり「就業ゴールドカード」を発行しており、国民健康保険に加入可能。もし望むのであれば、彼らの子どもは基本的権利として、無償で義務教育を受けることができます。

聞いたところによると、多くの人が就業ゴールドカードの再申請をしたり、台湾の市民権を取得したりしているようです。これは台湾が外国人に対して居心地が良い場所だという証拠でしょう。

台湾の外国人コミュニティ

台湾に住む外国人にとって、英語は同じ台湾の地域言語よりもずっと受け入れられやすいものです。特にアメリカやヨーロッパ、アフリカから来た人たちにとって、英語が使えることは、台湾にとどまる要因になるでしょう。

現在は就業ゴールドカードを利用した人たちのコミュニティも生まれていて、その数はすでに１００人以上。彼らは自分たちと同じように台湾に留まる人を増やそうとしています。

このコミュニティは私たちの公共サービスもよく見ていて、道路標識のようなシンプルなものについても「正しい英語が書かれているか」といったチェックをしています。

こうした働きかけで、さまざまに異なる文化背景をもつ人たちにとって、インクルーシブな環境ができあがっていきます。

台湾は異なる文化をもつ20もの台湾原住民、中国大陸からやってきた漢民族が共に暮らす国です。もともと20もの国語があれば、そこに英語がひとつ加わったところで、大した違いにはなりません。

「国籍＝アイデンティティ」？

「だから日本だって、台湾が行っていることを簡単にまねできるよ」

私はそんなふうに言うつもりはありません。

このインタビューで「国民性がより保守的で伝統的な日本では外国人を自国に受け入れることに対して消極的で、反対する空気がある」と聞きました。

ここで述べたいのは、私自身が個人的に、国籍に自分のアイデンティティを置きすぎていないということです。

「私は台湾人だ」

「私は日本人だ」

ほとんどの場合、国籍にアイデンティティを置きすぎることは有益なものだとは思わないのです。

たとえば、日本人であるインタビュアーと台湾人である私がウェブ上で行っている対話の場では、それぞれの国籍や国民性よりも時差のほうが重要です。台湾と日本は非常に近いものの、日本は1時間先の〝未来〟にありますから、アポイントメントをとる際にはお互いにちょっとした注意が必要です。

台湾には二重国籍をもつ外国人もいますが、彼らはトランスカルチャーイノベーションによって、自由にオープンになった人たちです。さまざまな文化をもつトランスカルチュラルな人たちでもあります。つまり、「台湾人であること」とは、彼らにとって精神的なものです。

カラフルな文化をお手本にする

それよりも私が重視しているのは、文化横断主義的な考え方です。他の文化にオープンに接し、彼ら本来の文化の考え方にもオープンに接することです。また、台湾には多様性があり、さまざまな文化が身近にあるというのは大いに勇気づけられる点です。

自国に多様性が存在する、それゆえに私たちLGBTQ+コミュニティが自分たちの文化や価値観をつくり上げようというとき、「どこかに参考になる社会構成やモデルがないか？」とわざわざ他の国まで探しにいく必要はありません。自分の国にいながらにして、多様なモデルを見ることができます。

また、いかに優れたものだとしても、〝唯一のお手本〟にあまりに依存してしまうと、一つの文化に偏ったことによる弊害が生じます。その点、お手本がいくつもあれば、その過ちを避けることができるのです。

私たちのお手本となる文化は、実にカラフルで豊かです。

昔から、ジェンダーに関係なくリーダーを選んできた台湾原住民が存在するように、この国がごく初期にもった文化は、「社会がどのようにあるべきか」と考える際に、いかなる制約も課していなかったのですから。

インターネットが人々をつなげる

世界が抱える課題については承知しています。生まれた国、民族、人種、文化が異なる人々と共にあるとき、そこに対立構造ができてしまい、争いが引き起こされているのは事実です。

また、日本について言えば「モノリシック（monolithic）」、つまり「一枚岩の文化」でしょう。

だからこそ、他者を受け入れられず、自分とは異なるものがいると対立してしまうという話も聞きました。

「日本に住む者からすると不思議です。台湾はこれだけ多様なのに、なぜ対立が生じないのでしょうか？」

このインタビューの際も、そうした質問を受けました。

私はこれについては「物理的な距離の近さ」に留意することが重要だと考えています。

台湾島の北から南まで、高速鉄道で移動するにはわずか1時間半。その小さな台湾島に、2300万人が分布しています。

小ささゆえにここに住む人たちは、「人口密度が高い、ひとつの大きなコミュニティに住んでいる」と感じられるのではないでしょうか。

この物理的な距離感が、「私たちは共通する価値観をもつ者どうしだ」という感覚を生み出しています。それぞれが異なる独自の文化を保持しつつ、距離的な近さから醸《かも》し出される価値観を共有しているのです。

こちらとあちらがたった1時間半しか離れていなければ、単純な対立の図式も生まれません。

台湾高速鉄道が結ぶのは、台北と高雄。島の端から端までつながることで、「私たちは同じ台湾島に居住する隣人同士なのだ」という意識をもつことができる。これはとても大切なことです。

そう考えていくと、ブロードバンドの重要性はいっそう高まります。

インターネットにつながることは、情報格差をなくすために不可欠です。今やインフラであり人権のひとつですが、異なる多様な人たちが共通する価値観をもつために、今後は高速鉄道以上の意味を帯びてくるでしょう。

「見えない人たち」を見る目をもつ

国だけでなく企業においても、多様性が大切だとされています。日本ではそのために「女性管理職の数を増やそう、LGBTQ＋に配慮しよう、障がい者を受け入れよう」という取り組みもあると聞きます。

しかし「違い」というものはマイノリティと称される人々だけでなく、どこであろうと、どんな人であろうと、すでに存在しています。

仮に世界のどこかに、単一の人種、民族、文化、ジェンダー、年代の人たちが働く「一枚岩の会社」があったとして、そこでも違いがある人は必ず存在するものです。

それが見えやすいか、見えにくいか、ただそれだけの話です。

たとえば私が子どもの頃は、街を歩いていて車椅子に乗った人を見かけることはほとんどありませんでした。

当時の台湾人はみんな健脚で、車椅子の人がいなかったからではありません。戒厳令下の台湾は、体制に従うか抵抗するかのいずれかしかない社会。ユニバーサルデザインの概念などみじんもなく、公共インフラは車椅子の人に優しいものではありませんでした。

つまり、車椅子の人たちは、外出したくてもできなかったのです。

嬉しいことに、この30年ほどで台湾は本当に変わってきました。

車椅子だけでなくさまざまな障がいがある、ニューロダイバーシティ（神経学的多様性）がある人々を、分け隔てなく、みな同じ市民として考えるようになりました。

ニューロダイバーシティ、つまり身体や精神の状態が多様な人たちを、台湾の街ではたくさん見かけます。これはごく普通のことであり、よりインクルーシブな社会へと変化している表れだと思います。

本当に多様性を求めるのなら、見えなくされている「違う人たち」を見なければなりません。

単一の文化など実は存在せず、仮にそうであっても、場所によって、世代の違いによって、違う人たちがいます。

さらに、人はみな一人ひとり独自の行動規則をもっているという「違う人」でもあります。

違いを認め合い、さまざまな要素が掛け合わさることで、私たちは物事をそれぞれ違った新しい角度から見るようになります。

見ることができれば、関心をもち、大切に思うのではないでしょうか。

一枚岩より大まかな合意を

次の2つが揃えば、国家であれ、コミュニティであれ、企業であれ、私たちは共存することができるのだと私は考えています。

・違う人、違うもの、新しい人、新しい事柄を受けいれる姿勢をもち、あらゆる多様な立場というものを理解しようとする。
・違いがあると同時に「全員に切り離せない共通の価値観」があると認識する。

単一のルール、単一の文化、単一の価値観といった「一枚岩」で完全に統制された、いわば完璧な一体感を目指すよりも、これははるかに素晴らしいことです。

仮に「完璧な一枚岩」を求めようとすれば、それは自動的に異なる人々を除外することになります。

完全な合意などない。

一枚岩の向こうで、自分を殺して、ひっそりと息を潜めなくてもいいのです。

「こんな感じでいこうよ」

そんな大まかな合意で進んで行けば、よりたくさんの人々と共存することができるようになり、より多様性のある文化を実現することができます。

17

お金から自由になる

私たちのラボは「アジア太平洋ソーシャルイノベーションパートナーシップアワード」という賞を授与していますが、それはある特定組織ではなく、「ありそうにないパートナーシップ」に対してのものです。

この「ありそうにないパートナーシップ」の構築は、共に力を合わせてSDGsの達成をめざす台湾人のDNAの中にあるのです。

理想とお金をセットで考える

私は、ラボにやってくるソーシャルイノベーターたちと、日々いろいろな話をしていますが、彼らにはこんなアドバイスをしています。

「あなたたちソーシャルイノベーターが、新しいアイデアを大企業にもちかけるのであれば、CSRの部署ではなく、事業開発の部署を訪ねたほうがいいですよ」

ラボが「ありそうでないパートナーシップ」に賞を授与するのも、NPOなどのソーシャルイノベーターと、民間企業の新規事業開発部門のようなコラボレーションが成功したケースがほとんどです。

ソーシャルイノベーションから生まれる新しい着想を注ぎ込み、組織のブランドを再構築するのはその部署だからです。

企業の社会的責任を担うＣＳＲは、環境問題や企業倫理についての専門部署とされ、一見すると、ソーシャルイノベーターと相性が良さそうに思われます。

しかし、現実として企業におけるＣＳＲはかなり限られたリソースしかもち合わせておらず、いかなる理想も実現させなければイノベーションは起きません。「ありそうでないパートナーシップの成立」とはならないのです。

・社会のイノベーション
・産業のイノベーション

このふたつは両翼であり、いずれか一方だけでは、バランスがとれません。

私自身も、新しいソーシャルイノベーションのアイデアがあれば、それが産業界に適用可能かどうか確認することに重点を置いています。たとえば、マスク在庫管理アプリや大気汚染レベルの測定装置をつくるときも、その視点をもっていました。

イノベーションを考える際には、国内産業の利用を重視することは当然でしょう。

ブロックチェーンを用いればデータの共有が容易なので、行列に並ぶ人の数でマスク在庫を常時、増やすことができます。これらはすべて、地域の経済問題や環境問題に配慮するために内向きになった社会的イノベーションから生まれた発想です。

このようなコミュニティ中心政策から生まれるのは、やはり「思考はグローバルに、行動はローカルに」という発想です。

シニア世代は「輝ける絶好の機会」

このインタビューでもう一つ、日本のビジネスにまつわる問題として問われたのは、日本の定年問題について。日本では、シニア世代の多くの人々は「仕事を続けたい、活動的でありたい」と望んでいます。平均寿命がのびたことで、100歳まで、またはそれ以上まで生きることがありえます。

人が100歳まで生きるとして、90歳になっても現役世代のように働くことは難しいでしょう。しかし、「支援のＡＩ」が助けてくれれば、状況は変わります。年齢を重ねてもできることが増えて、充実していくはずです。

また、自分の経験や蓄積を提供するという、知恵の労働（wisdom work）なら何歳になってもできます。これは若い人にとっても朗報でしょう。

65歳以上の人たちが現役世代と共に働き続ければ、両者には交流が生まれます。世代間の連帯はとても大切なことで、それもインクルーシブな社会を生み出すきっかけになるでしょう。

人間の労働力を長く活用することが、社会全体に一定の人的資源を提供することになる。その観点から言って、私は日本のあり方は良いと思います。

台湾では、シニア世代の人々を「Golden Age」「Golden Era」と呼んでいます。文字通り「輝ける絶好の機会」というわけです。

通常の定年を超えてもなお、社会貢献をしたいと切望する人々がたくさんいるなかで、もしもユニバーサルデザインをうまく推進することができれば最高です。日本には、障がいをもち、困っている人々を助ける「支援のＡＩ」があります。今後は大都市だけでなくあらゆる地方で、誰でもこうした支援手段を利用できるようになるべきでしょう。

日本の内閣府が推進する「ソサエティー５・０」について、私たちは共有するものがたくさんあるととらえています。

経済活動のゲームを超えた働き方

台湾の若者は定年を迎える前に起業しようとしますが、日本には長く続いた終身雇用制度があり、それも難しいようです。そんな終身雇用制度も崩れつつあり、「年金はどうなるのか」という不安もあります。

しかし何歳だろうと「知恵の労働なら続けられる」と思えば、未来への心配も薄らぐと思います。

ところで、「65歳で定年を迎えるのは早すぎるのではないか」という問題についてコメントするのに、33歳で引退した私は、最適かもしれません！

私は15歳で起業し、33歳のときにビジネス界から引退しました。

２０１６年、最年少大臣として入閣したときは35歳でした。

今の私は、自分が楽しむためと公共の利益のためだけに働いています。任意団体、いわゆるソーシャルセクターとだけ協働しているのも重要なポイントです。

仕事をリタイアしてから起業する人々の間でも、ソーシャルセクターとの協働や、ソーシャルセクターを立ち上げることは、トレンドになっています。

ひとくちにソーシャルセクターと言っても、協会、組合、非営利団体など、かたちはさまざまです。

みんなすでに人生のゲーム、特に経済活動のゲームを終了している人たちですから、競争に勝つことだけに満足を見いだすことから手を引いています。

経済活動に取り組む場合には、ただの知識ではなく英知に基づいて行動しています。

つまりこれは「知恵の労働」であり、お金から自由になった「新しい働き方」と言っていいのではないでしょうか。経済活動のゲームのルールから外れると、できることはもっとたくさんあるはずです。

その意味で働くのであれば、引退しても、何歳になっても、働き続けることができます。

もし65歳で引退して100歳まで生きるとしたら、まだたっぷり30年ほどは「新しい働く時間」があるということです。

年長者が組織に対してもたらすお金は、引退前より減るかもしれません。

しかし、組織に対してより賢明な影響を与えることはできます。

SDGsの17番目にフォーカスする

2030年までにSDGsの目標はすべて達成されているべきだと考えていますが、なかでも私が一番フォーカスしているのは、17番目の「パートナーシップで目標を達成しよう」です。

この目標の下にある具体的なターゲットを見ていくと、デジタル世界で働く人たちにだけでなく、すべての人に重要な3つの項目があります。

17・18 信頼できるデータの入手可能性の向上

17・17 効果的なパートナーシップの推進

17・6 イノベーションの相互共有

この3つのターゲットが、新しい世界観をつくりあげています。

つまり、経済セクター、社会セクター、環境セクターなど、それぞれの部門で働く人々はデジタル的かつ持続的に、組織を利益優先ではなく目的をもったものに変革する必要があるということです。

「目的を達成するために動けば、お金があとからついてくる」というのが主旨ですが、私は2030年までに、そんな変化を見ることができると予測しています。

2050年の世界はどうなる?

さらに時を経た2050年、70歳近くになった私は、今と同じように「共有する価値」をつくり出すことを楽しんでいるでしょう。

世界はどうなるかと言えば、テクノロジーの発達で、宇宙はもっと身近になるでしょう。宇宙探査機がどこかの惑星で、別の文明をもつ生命体を見つけるかもしれません。そのことで、新しい文明が誕生する可能性もあります。

地球よりずっと昔から存在していて、太陽系よりはるかに広い宇宙には、ほかの生命体がいて当然です。それなのに、人間はなぜか「宇宙人なんているわけがない」と思っている――これは「フェルミのパラドックス」という説です。

アメリカのSF作家であるテッド・チャンの小説「大いなる沈黙(The Great Silence)」は、大型インコの視点から描かれた物語です。

ただ人まねをしているように見えて実はコミュニケーションする知性ももっている鳥たちは、宇宙を夢見る人間を見て、なぜそこまで熱を上げるのかといぶかります。

つまり、宇宙を夢見ることには2つのパラドックスがあります。

地球には同じ言葉で話せる人類がたくさんいるのに、なぜわざわざほかの星まで誰かを探しに行くのでしょう?

人間の言葉を話せる人間はたくさんいるのに、なぜ動物が言葉を話せるかどうかに大騒ぎするのでしょう?

宇宙とつながる未来がやってくるにしても、宇宙はあまりにも広大です。人類は同じ星に住み、同じ文明をもっているのに、語り合っていません。ごく限られた、狭いコミュニケーションしかしていません。

もっとほかにつながりあう方法があると私は感じます。

日本人は「改善」の人々

1年ほど前に、日本の人たちと話をしたとき、日本は変化するのが苦手で、起業や改革は難しいと聞きました。

「公園で会議をするとか、まるで夢ですよ。うちの会社でテレワークを導入するとしたら、3年から5年かかるでしょう」

ところが新型コロナウイルスがカタリスト（触媒）になり、テレワークはあっという間に広まりました。日本人は大きく変えることは苦手でも、今働いている会社を適応させるという「改善」がとても上手です。

コロナ禍という逆境で、日本の働き方も変わった。

これは希望の光だと思います。

インタビューを終えて

クーリエ・ジャポン編集チーム

オードリー・タンという人物は、私たちとは違う時間軸を生きている。

それが彼女（氏によれば「性別なし」なのだが、ここでは便宜的にそう呼ばせていただく）を初めてインタビューしたときの印象だった。

とにかく話すスピードが圧倒的に速いのだ。

インタビューを中国語で行うか、英語で行うかを決めるため、事前に台湾在住で中国語の超上級者である日本人女性に話をもちかけたところ、「オードリーさんの話すスピード、使う語彙の難解さを考えると、中国語での同時通訳は難しいのではないか」という。結局、英語でインタビューを行ったのだが、英語でも単語が次から次に飛び出し、言い淀むことがない。

それでいて、こちら側が話しているときに割り込んでくるわけでもない。相手が話す内容を黙って聞き、質問が終わった途端、こちらが想定した以上の答えを瞬時に返してくる。

彼女の頭脳明晰さをあらわす逸話として、小学生のときにＩＱを計ったところ、数値が高すぎて計測不能だったという、台湾ではよく知られたエピソードがある。その片鱗は、少しでも彼女と語り合えば、誰もが納得するだろう。


さらに驚いたのは2度目のインタビューだった。最初の取材では動画を撮影し、それをＷＥＢメディア「COURRiER JAPON」のサイトで公開することになっていた。２度目以降は本書のためだけに行われたインタビューで、動画公開はなし。そして少しでも多く彼女の話を引き出すため、元ロイターのフランス人ジャーナリストにインタビュアーをお願いした。母語であるフランス語よりも英語と日本語が得意と思われる、多文化に精通した語学の達人である。すると、いくつかのやりとりでインタビュアーの理解力の高さに気付いた彼女は、最初のインタビューよりも一段と話すスピードを上げたのだ。

今から思えば、最初の取材では動画が公開されることを前提に、あえてゆっくり話してくれていたのだろう（それでも十分、驚くべきスピードだったが）。そんな細かい気配りもするのである。

スピードについて言えば、そもそも彼女に取材依頼をしたときから、異例ずくめだった。

たとえば日本国内で現役大臣にインタビューを申し込もうと思えば、役所に連絡するにせよ、議員会館の事務所に連絡するにせよ、まず秘書を通じて依頼し、しばらく待たされた後にインタビューの可否について返事が来る。インタビューOKならば次に日程の調整。そこまでに1ヵ月近く時間がかかることもザラだ。

ところが、彼女が率いるデジタル化促進のための公共政策チーム「PDiS」のホームページに取材依頼のメールを送ると、わずか8分後（！）には、スタッフの一人から返信が届き、メディアの取材対応窓口となる担当者と、そのメールアドレスを教えてくれた。すぐに担当者にメールを送ると、次の返事は翌日。しかも、その内容は「取材はいつがいい？」というものだった。

こうしたチーム・オードリーが、自由に活躍できる舞台があるからこそ、世界中が混乱した新型コロナウイルス感染症の初期対応において、わずか3日で台湾の全国民がパニックにならずにマスクを入手できる「マスク・マップ」をつくり上げることが可能だったのだろう。

彼女は徹頭徹尾、フランクだ。

オンラインでのインタビューをするため、指定の時間に画面をつないだ。画面に映った彼女は政府イベントのキャンペーン・ロゴが入った黒いTシャツにジャンパー姿。場所はPDiSの事務所だ。

彼女の発言はすべてデータとして記録されるため、彼女の周りを若いスタッフがマイクなどをセッティングするために行き来している。スタッフのひとりが「もう（記録を）始めていいかい」と軽い口調で彼女に話しかける。彼女は画面越しにこちらがセッティングに戸惑っていることを見て取り、「日本の皆さんのほうが、まだ準備中のようだからちょっと待って」と返す。

台湾史上最年少となる35歳でＩＴ担当大臣になって4年目、台湾国内では押しも押されもせぬスター政治家だ。たびたび引き合いに出して恐縮だが、日本の有名政治家のなかにはインタビューの間はニコニコしているものの、終わった途端、「なぜ、こんな取材を受けたんだ！」などと秘書を怒鳴りつけるような人物もいる。少なくとも、彼女は理不尽にスタッフに怒鳴り声を上げるような人物ではないのだろう。スタッフとの間の親しい友人どうしのようなやりとりが、それを物語っているようだった。


みなさんも経験がおありだと思うが、オンラインでは、実際に対面で会議をするのに比べて雑談が減る傾向にある。まして、相手は世界でも指折りの多忙を極めるであろうオードリー・タンだ。限られた時間でひとつでも多くの言葉を引き出すために、寄り道している暇はない。彼女もそれをわかっているからこそ、間髪入れず質問に答えてくれ、インタビューは充実したものになった。

いまだから白状するが、本来、2度目のインタビューは40分間の約束だった。しかし、インタビュアーの元ロイター氏が勘違いしたのか、それともそれがベテランの技なのか、彼は冒頭で「今日は1時間しか時間がないから、次々に聞きますね」と宣言した。日本側スタッフ、台湾側スタッフ、そしてオードリーさん自身も「約束と違う」と気付いていただろうが、それには誰も触れぬまま、約束の40分が過ぎてもインタビューは続いた。

そして、きっちり1時間、最後の質問に答え終えた彼女はその日、唯一と言っていい雑談を口にした。

「この本はいつ出るの？　インタビューの文字起こしが必要なら言ってね」

オードリー・タンさん本人も楽しみにしているという日本初のインタビュー集、この本を読んだあなたが少しでも自由になれた気がしたなら、あなたの未来も、この世界の未来も、きっと今より明るくなるはずだ。

知っていそうで今さら聞けない用語集

本書を手にした日本のみなさんへ

＊コンフィギュレーション（configuration）：設定、構成、配置を意味する。IT用語としては、コンピュータなどの機器やソフトウェアで、設定や仕様、動作を使用者が自由に変更できるものを指す。

＊イマーシブテクノロジー（Immersive Technologies）：没入型技術。「AR（Augmented Reality・拡張現実）」、「MR（Mixed Reality・複合現実）」「VR（Virtual Reality・仮想現実）」などを指す。

01　不平等から自由になる

＊**トマ・ピケティ**：フランスの経済学者。「資本収益率は経済成長率より大きいことから、富の公平な再分配をしない限り、長期的に格差は拡大する」と主張した２０１３年の著作（日本では２０１４年に出版）『21世紀の資本』（邦訳：みすず書房）が世界的ベストセラーになった。

＊**ジニ係数**：イタリアの統計学者コラド・ジニが発明した所得の不平等をはかる指標。「収入不平等指数」とも言われる。０から１の間で、１に近づくほど格差が大きい社会となる。

＊**実効再生産数**：病原体の感染力を考える際、すでに感染が広がっているグループの中で、感染者１人が平均して何人に感染させるかを示す指標を「実効再生産数」という。誰も免疫をもたないグループの中で、感染者１人が平均して何人に感染させるかを示す指標が「基本再生産数」。すでに感染が広がっている場合、実効再生産数は拡大や予防の予測を立てるために役立つとされている。

02

不安から自由になる

***ユニバーサルヘルスケア（universal health care）**：すべての人に保健医療サービスや医療費補助を提供する保険医療システム。日本の国民皆保険制度もその一つである。

***単一支払者制度（single-payer system）**：患者と医療機関の間の診療報酬の支払いを、一括して政府が担う制度。米国のように診療報酬の支払いが複数の民間保険会社によってなされている国もある。

***インクルージョン（inclusion）**：包括。ジェンダー、民族、年齢、障がいなど、異なる個性をもつすべての人が含まれ、排除されず、尊重される社会や働き方を指す言葉として「インクルージョン社会」「インクルージョン企業」などがある。

***最低限所得保障**：すべての個人に対して、生活していくための最低限の現金を

国が支給する仕組み。所得に関係なく、全員一律に生活に必要最低限の現金を給付する「ベーシックインカム」も、最低限所得保障の仕組みの一つである。

*ソーシャルイノベーションラボ（social innovation lab）：オードリー・タンが執務を行うバーチャルラボ。

*UBI Taiwan（Unconditional Basic Income Taiwan）：「すべての人に無条件でベーシックインカムを保障すべきだ」とする非営利団体。アジア・太平洋地域での国際会議を主催し、ベーシックインカム推進の研究に取り組む。

03

年齢から自由になる

*ピグマリオン効果：米国の教育心理学者ロバート・ローゼンタールが提唱した「人間は期待されたように成果を出す」という心理行動。教師が期待すると生徒の成績が伸びたという実験結果から「教師期待効果」とも言われる。

＊**アバター（avatar）**：その人の分身となるキャラクター。サンスクリット語で「化身」を意味するアバターラが語源。

＊**ＨＴＣ（宏達国際電子股份有限公司）**：台湾のエレクトロニクス企業。ＰＤＡやスマートフォン、ＶＲ端末を扱う。

＊**実験教育**：台湾ではオルタナティブ教育を「実験教育」、オルタナティブスクールを「実験学校」と呼ぶ。

04

競争から自由になる

＊**スキルセット**：仕事に必要な一連の専門知識と専門技術を表すＩＴ用語。

＊**台湾原住民**：中国大陸から漢民族がやってくる前、17世紀以前から台湾に居住している民族。１９９４年、差別的意味合いがある「山胞」から「原住民」に改めるよう、憲法で定められた。台湾で「先住民族」とはすでに消滅した民族

を指すため、この言葉が用いられている。

05 国家から自由になる

＊チャットボット（chatbot）：ＡＩによる自動会話プログラム。チャット（chat）をする自動プログラム（bot）からきた造語。

＊ブロックチェーン（分散型台帳）：デジタルに記録される取引台帳。管理サーバーは存在せず、多数のユーザーによって分散管理されるため、誰でも閲覧でき、データの破損などにも対応しやすい。ブロック（ページ）が、チェーンのようにつながって台帳になっていることからこう呼ばれる。

＊クリエイティブコモンズライセンス（ＣＣＬ・Creative Commons Licenses）：インターネット時代の新しい著作権ルール。作者が「この条件を守れば作品を自由に使用してよい」と許可することで、著作権をもったまま、作品を自由に流通させることができる。ＣＣライセンス。

＊Dos Monos（ドスモノス）：荘子it、TaiTan、没の3名による日本のヒップホップユニット。

＊PDiS（Public Digital Innovation Space・パブリックデジタルイノベーションスペース）：オードリー・タンが率いる、行政院（日本の内閣に相当）各省庁から出向するスタッフら70名で構成されるチーム。縦割りになりがちな省庁を横断し、オープンコミュニティなど、デジタル的な方法による課題解決を目指す。市民との協働を掲げ、vTaiwanとも連携している。

＊パーティシペーションオフィサー（PO・Participation Officer）：開放政府連絡人。各省庁から1人以上、PDiSに出向する。PDiSが運営する、省庁を横断する官僚ネットワーク「POネットワーク」は、デジタル手法を駆使し、官民の合意形成を目指している。

＊コンピテンス（competence）：社会的能力、言語能力、思考能力、適性。人とともに働き、暮らしていくための社会的基礎能力。医療関係者や教育の現場に取り入れるべきだと考えられている。

07 正しさから自由になる

＊台湾の年齢：旧暦の正月に年齢が上がる数え年が用いられており、オードリー・タンもそれに準じた年齢でインタビューに答えているが、本書では満年齢で統一している。

＊中国国民党：1895年から台湾を統治していた日本が、1945年に連合国軍に降伏。同年、蔣介石率いる中国・国民党政府軍が台湾に上陸する。軍の統治に台湾人が反発・蜂起したことで1947年に二・二八事件が勃発。これを受けて軍が多くの台湾市民を逮捕・投獄する白色テロが起きた。その後も軍は38年間の戒厳令を敷いた。

＊戒厳令：戦争、災害など国家の非常事態において、市民の行動を制限し、国の統治権のすべてまたは一部を、一時的に軍部がもつという法令。台湾では1949年より1987年まで史上最長の38年間におよぶ戒厳令が敷かれた。

08 男と女から自由になる

＊トランスジェンダー（transgender）：出生時に割り当てられた性別と自分自身の認識する性（性自認）が異なる人たち。

＊LGBTQ+：セクシャルマイノリティ（性的少数者）の総称のひとつ。レズビアン／女性同性愛者（Lesbian）、ゲイ／男性同性愛者（Gay）、バイセクシャル／両性愛者（Bisexual）、トランスジェンダー／性別越境者（Transgender）の頭文字をとったLGBTに性自認や性的指向が定まっていないもしくは意図的に定めないクエスチョニング（Questioning）の人と、「性にとらわれたくない、LGBTのラベリングを避けたい」などの理由でクィア（Queer）を自認する人た

ちを示すQを加えた言葉。クィアはもともと性的マイノリティを指す侮蔑的な言葉だったが、生き方を表す言葉として自称する人も多い。性別を男女に限定しない、もしくは男女を包括する性を自認する人たちを示すノンバイナリー（Xジェンダー）や、他者に性的欲求をもたない無性愛（Aセクシャル）、いずれにも当てはまらない人などは「＋」として表される。この他にもさまざまな解釈が存在する。本書は「ＬＧＢＴＱ＋」で統一しているが、オードリー・タンは「ＬＧＢＴＱＩＡ」という言葉を用いる。

＊**インターセクショナリティ（Intersectionality）**：アメリカの法学者キンバリー・クレンショーが、論文「人種と性の交差性を脱周縁化する」で１９８９年に提唱した概念。「女性で黒人」といった属性の組み合わせによって起きる差別や、属性の組み合わせによる特権の撤廃を求める思考の枠組み。現在ではフェミニズムや差別を考えるうえで重要な概念として用いられている。

09

ジェンダー概念から自由になる

＊ミーム（meme）：文化や情報がウェブ上でユーザーにコピーまたは模倣され、広まっていくこと。パロディや面白い動画、イラストや文章などがＳＮＳを通じて拡散・流行していく様子を指す。インターネットミームとも言われる。もともとの概念は１９７６年にリチャード・ドーキンスが『利己的な遺伝子』（邦訳：紀伊國屋書店）で用いた、遺伝子と対となる仕組みを表した造語。

＊ジェンダー主流化（gender mainstreaming）：ＯＤＡ（政府開発援助）の５つの基本方針の一つ「公平性の確保」にある「男女共同参画」を各国が目指すなかで、台湾はジェンダー主流化に積極的に取り組んでいる。

＊ＫＰＩ（Key Performance Indicator・重要業績評価指標）：組織の重要な目標に向かうプロセスで達成の度合いを計測し、評価すること。重要な最終目標がＫＧＩ（Key Goal Indicator・重要目標達成指標）、途中でＫＧＩに確実に到達できるかを評価するのがＫＰＩとも言える。

＊**ユニバーサルデザイン（universal design）**：年齢・性別・国籍・人種・能力・障がいに関係なく、あらゆる人が利用できるように環境・建築物・設備・製品・情報をデザイン（設計）すること。触っただけでリンスかシャンプーか判別できる容器、車いす利用者やオムツ替えをしたい人に必要な設備がある「だれでもトイレ」、イラストをぱっと見て理解できる案内表示などがある。

＊**ダッシュボード**：マネジメントや情報分析に用いられる、収集したデータを分析・加工し、グラフや表などでわかりやすく一覧表示するシステム。

10 家族から自由になる

＊**同性婚合法化**：日本では同性の結婚は法的に認められておらず、渋谷区など一部自治体が「パートナーシップ制度」を認めている。タイの同性婚「市民パートナーシップ法案」は閣議決定した後、保留となっている。

＊家父長制：父系家族制度において、家長が統率する家族のかたち。

＊国民投票：戒厳令解除後、民主化運動が高まった台湾では1996年より直接選挙によって総統（日本の総理大臣に該当）が選出される。2003年に公民投票法が制定され、国民投票が行われるようになった。同性婚のほかに「東京オリンピックには『中華台北』でなく『台湾』名義で参加するのか」といった議題について投票が行われている。

11 強制から自由になる

＊道教（Taoism）：儒教、仏教と並ぶ中国三教の一つ。民間信仰、神仙思想、老子の思想が混じり合って体系化されたものと言われる。

12 ヒエラルキーから自由になる

＊トランスカルチャー（transculture）：越境文化、横断文化、多元文化。異文化と

異文化の交流を通じた文化の融合。多言語、多文化が混じり合ったさま。

＊インターネットプロトコル（ＩＰ・Internet Protocol）：インターネット通信の標準規格。ネットワークに接続する各コンピュータには「ＩＰアドレス」が割り当てられ、それを用いて通信が行われる。

＊ＩＥＴＦ（Internet Engineering Task Force）：インターネットの国際水準を議論・策定・標準化する任意団体。２０００名以上のコンピュータサイエンスのエンジニアが集結するが、会員制の組織ではない。メーリングリストに登録すれば議論に参加できる（所属する企業名でなく個人としての参加がルール）。オードリー・タンは14歳頃からＩＥＴＦに参加。

＊ＲＦＣ（Request for Comments）：ＩＥＴＦで議論された技術やプロトコル、ファイルフォーマットを文書化し、インターネット上で保存・公開すること。「ＲＦＣ（コメント募集）」の意味通り、研究開発の成果を広く公開し、外部の意見を求めることで改良・発展させていく意図がある。

＊オープンガバメントパートナーシップ（OGP・Open Government Partnership）：２０１１年に米国で創設された「開かれた透明性のある政府」を目指す取り組みであり、世界78ヵ国が参加。

＊ソーシャルセクター（social sector）：NPO（非営利組織）やNGO（非政府組織）などが管理するセクター。公共セクター（国や地方自治体）、民間セクター（企業など）とは異なることから、第三セクター、非営利セクターとも呼ばれる。社会問題を解決するための議論・活動などがなされる。

＊シビックテック：「civic＝市民　tech＝テクノロジー」を掛け合わせた造語。

＊g0v（ガブゼロ・零時政府）：２０１２年に創設された台湾最大のシビックテックコミュニティ。オープンソースコミュニティ（プログラムのソースコードの利用・修正・頒布を自由にすることによってソフトウェア開発を進める手法［オープンソース］と同じ考え方をもつコミュニティを指す）であり、議論の決

定権をもつ者、ヒエラルキーは存在しない。情報の透明性を保ち、誰もが自由に参加することで、技術の発展や社会問題の解決を目指している。政策の修正や公共問題についての討論も行われ、サイトでは台湾省庁のプロジェクトや予算などのすべてが、わかりやすいデザインと説明で見ることができる。創設の中心となったのは、それ以前もオープンソースコミュニティで活動していた高嘉良。g0vは２０１４年のひまわり学生運動にも大きな役割を果たした。「ひまわり学生運動」は２０１４年3月に起きた。台湾与党中国国民党が、中国との「サービス貿易協定」について、内政委員会での審議を本会議に強行送付。これに反発した学生らが3週間にわたって立法院本会議場を占拠し、その様子がライブストリーミングされた。オードリー・タンも配信に協力している。

＊vTaiwan（ブイタイワン）：オンライン法令議論プラットホーム。政治家、各省庁の官僚、学者、ビジネスリーダー、研究者、消費者など立場が違う人たちが、オンライン上で法規制について討論し、その結果は法令草案作成に反映される。台湾の人々が立法の過程に直接参加する「デジタル民主主義のプラットフォーム」として機能。高嘉良と元デジタル担当大臣蔡玉玲の呼びかけで招集された

g0vメンバー12名のボランティアによってわずか2週間で実装され、オードリー・タンはその一人である。

***ポータル**（portal）：IT用語では、インターネットを利用するユーザーが必ず通る入り口、拠点を意味する。

13　支配から自由になる

***HRF**（Human Rights Foundation）：米国で発足した非営利の人権団体。2009年から国際会議「オスロ自由フォーラム」を開催しており、世界の人権活動家、民主活動家が集まる。

***プロトタイプ**（prototype）：新技術の開発の際、問題点・改良点などを検証するための試作モデル。

***帯域幅**：通信に用いる周波数の幅。帯域幅が広いほど高速で通信できる。イン

ターネットのアナログ回線は狭帯域、光ファイバーなどは広帯域となる。

＊**アカウンタビリティ（accountability）**：説明責任能力。政府、企業、金融機関など社会的影響力をもつ組織が、活動内容とその結果を社会に対してわかりやすく説明する責任をもつこと。

14 言葉の壁から自由になる

＊**母語**：幼い頃から自然に覚え、生活の中で使ってきた言葉。母国語は自分の国の公用語を指す。

＊**ジャバスクリプト（JavaScript）**：米国のブレンダン・アイクが開発したプログラミング言語。ウェブサイトのポップアップウインドウ、画像の拡大、情報の表示などあらゆる場面で使われている。

＊**スクラッチ（Scratch）**：米国スクラッチ財団がＭＩＴメディアラボとともに開発

した子供向けのビジュアルプログラミング言語。視覚的にプログラミングが学べるため、教育現場で用いられている。

＊パイソン（Python）：オランダのグイド・ヴァン・ロッサムが開発したプログラミング言語。プログラミング初心者にも使えるシンプルなものだが、ＡＩの開発にも用いられている。

＊デュオリンゴ（Duolingo）：言語教育プラットフォーム。無料の教育ウェブサイトやアプリ、有料の資格試験を提供している。

15

スキルセットから自由になる

＊ＧＰＴ－３（Generative Pre-trained Transformer 3）：イーロン・マスクが共同会長を務める非営利人工知能研究所 OpenAI が、２０２０年６月に発表した汎用言語ＡＩ「ＧＰＴ」の第3世代。「人間と区別がつかない文章だ」と話題になり、同年9月、マイクロソフト社が独占的ライセンスを取得。

16 一枚岩から自由になる

＊ニューロダイバーシティ（neurodiversity・神経学的多様性）：自閉症など神経疾患とされているものは、ヒトゲノムの違いであり自然な神経学的差異にすぎず、むしろ個性として尊重されるべきだという考え方。

17 お金から自由になる

＊アジア太平洋ソーシャルイノベーションパートナーシップアワード（APSIPA・Asia Pacific Social Innovation Partnership Award）：台湾経済部が主催する、社会を変えるパートナーシップに与えられる賞。その活動がSDGsにつながるものであれば、アジア太平洋地域の企業、ソーシャルイノベーター、NGO、学校、中間支援組織などあらゆる組織が応募できる。

＊SDGs（Sustainable Development Goals・持続可能な開発目標）：2030年

までに解決・達成すべき国際的な課題と目標。２０１５年に米国国連本部で開催され、１５０以上の国が参加した「国連持続可能な開発サミット」で採択された。「世界を変えるための17の目標」と１６９のターゲットがある。

＊世界を変えるための17の目標

1、貧困をなくそう　2、飢餓をゼロに　3、すべての人に健康と福祉を　4、質の高い教育をみんなに　5、ジェンダー平等を実現しよう　6、安全な水とトイレを世界中に　7、エネルギーをみんなに　そしてクリーンに　8、働きがいも経済成長も　9、産業と技術革新の基盤をつくろう　10、人や国の不平等をなくそう　11、住み続けられるまちづくりを　12、つくる責任　つかう責任　13、気候変動に具体的な対策を　14、海の豊かさを守ろう　15、陸の豊かさも守ろう　16、平和と公正をすべての人に　17、パートナーシップで目標を達成しよう

＊ソサエティー5・0：日本の内閣府による科学技術政策。仮想空間、現実空間を高度に融合させたシステムによって、経済発展と社会課題の解決を目指す人

間中心の新たな社会を意味する。狩猟社会（ソサエティー1・0）、農耕社会（ソサエティー2・0）、工業社会（ソサエティー3・0）、情報社会（ソサエティー4・0）に続くものとされる。

***フェルミのパラドックス**：イタリア出身でノーベル物理学賞を受賞したエンリコ・フェルミによる「地球外生命は確かにいるのに、なぜか接触した事実は証明できない」という逆説についての考察。

***大いなる沈黙**：アメリカのSF作家テッド・チャンによる小説。日本語版は『息吹』（早川書房）所収。

*：長寿と繁栄を意味するオードリー・タンのお気に入りサイン。

オードリー・タンについて

唐鳳　Audrey Tang
台湾デジタル担当政務委員大臣（閣僚）
◎1981年、台湾・台北市にて新聞社勤務の両親のもとに生まれる。
◎小学校に入学してまもなく9元連立1次方程式を解き、天才と目される。
◎「IQ180」とされるが、学校での測定では3回とも160を記録、それは測定可能な最高値であった。「180とは私の身長」「インターネット時代は誰でもIQ180です」とは本人の弁。
◎8歳から独学でプログラミングを学び、小学4年生で6年生の学習課程を修了。中学時代は「毎日登校しなくてもよい」と学校の許可を得て、老子、哲学書、詩歌、古典文学などを読みふけり、大学の授業を聴講し、インターネット上でプログラマー、言語学者、数学者などさまざまな人と出会いながら学びを深める。
◎14歳で中学を自主退学。15歳でプログラマーとして仕事をはじめ、16歳で台湾のIT企業の共同経営者となり、19歳にしてシリコンバレーで起業。
◎24歳でプログラミング言語Perl6開発に貢献。トランスジェンダーであることを公表し、女性へと移行する〝第二の思春期〟を迎える。
◎27歳にしてシリコンバレーのSocialtext社創業メンバーとなり、台北でリモートワーク。
◎33歳でSocialtext社を売却、ビジネスの世界から引退する。その後、顧問を務めていたAppleで人工知能Siriのプロジェクトに加わる。
◎35歳という史上最年少の若さで蔡英文政権に入閣、デジタル担当政務委員（大臣）に就任。
◎2019台湾のコロナ対応では、薬局など各販売店のマスク在庫がリアルタイムで確認できるアプリ「マスクマップ」を導入。アメリカの外交専門誌『フォーリン・ポリシー』のグローバル思想家100人に選出されている。
◎現在も自由な発想で台湾のデジタル化に尽力している。

オードリー・タン 自由《じゆう》への手紙《てがみ》

2020年11月17日　第1刷発行
2021年7月6日　第8刷発行

語り……………………オードリー・タン
編者……………………クーリエ・ジャポン編集《へんしゅう》チーム

KODANSHA

発行者…………………鈴木章一
発行所…………………株式会社講談社
東京都文京区音羽2丁目12－21［郵便番号］112－8001
電話［編集］03－5395－3522
［販売］03－5395－4415
［業務］03－5395－3615

印刷所…………………株式会社新藤慶昌堂
製本所…………………株式会社国宝社

ISBN978-4-06-522095-5